推薦文

　この『実践日本語コミュニケーション検定ガイドブック』には「PJC は、アカデミック・ジャパニーズではなく、実際の日常生活での日本語運用能力、社会言語的能力を測定することを主体としている」とはっきり書かれている。私のことばで言い換えると、ビジネス日本語のための言語及び非言語のビジネス文化行動の両方を密接につなげた総合ビジネス・コミュニケーション能力をめざしている。今までにも日本内外でビジネス日本語に関する書物はかなり発行されているが、このガイドブックのように日本のビジネスの分野で実際に使われている日本語と日本のビジネス文化を見事に合体したものを私は知らない。このガイドブックには日本で働いている（あるいは働きたいと思っている）外国人のビジネス・コミュニケーション能力のレベルを測る基準が明確に示してあるばかりでなく、すでにテスト形式とサンプルが開発されている。従って、本書のガイドラインに基づくテストで、日本のビジネス界に就職を求めている外国人の総合能力を測ることができる。日本と日本のビジネス界は今しも有能な外国人の就労者を求めている。実にタイムリーなガイドラインができたものだと強く感心させられている。私は本書を日本での就労を求めている外国人だけではなく、外国人を雇用しようとしている日本人雇用者にも、いや、日本人の就活者たちにも本当に強く推薦したい。

プリンストン大学　名誉教授

牧野　成一

はじめに

　日本の派遣会社では、せっかく外国人を企業に派遣しても、コミュニケーションの齟齬からすぐに辞めてしまう外国人の方が多いといいます。どの文化でも、異文化交流の際には何かしらの衝突が生じるものですが、その国の文化について事前に知っていれば、避けられることも多いはずです。

　「実践日本語コミュニケーション検定（以下、PJC）」では、そのような、日本のビジネスで必要とされるコミュニケーション、マナーについて総合的に出題します。そして、本書は、その PJC についてご理解いただくためのガイドブックです。

　本書での学習、また PJC のご受験が、外国人の方々が日本の企業で働く際の一助となることを願ってやみません。

サーティファイ コミュニケーション能力認定委員会

目次

III 模擬問題

解説動画を視聴できます

日本語を母語としない外国人社員が、日本の企業で仕事をするうえで、特に間違えやすい表現や、気をつけた方が良い点を重点的に動画で解説します。

スマートフォンやPCで
視聴いただけます。

スマートフォン　PC

【URL】https://www.sikaku.gr.jp/c/pjc/movie/guidebook/

Part2 聴解
聴解問題の音声ダウンロードはこちら

スマートフォン　PC

聴解問題の音声データ(MP3)をダウンロードいただけます。

【URL】https://www.sikaku.gr.jp/c/pjc/listening/pjcmogi/

I

試験概要

① 試験要項

1-1 試験実施の目的

「実践日本語コミュニケーション検定（PJC）」の目的は、以下の通りです。

> 日本語を母語としない方を対象として、上司や同僚との会話力、接客能力、ビジネスマナー等の理解度を評価することで、日本語による業務遂行能力の育成と雇用機会の拡充に寄与する。

1-2 試験実施概要

（1）受験資格

原則として、日本語を母語としない方。そのほか、国籍、学歴、年齢等に制限はありません。

（2）想定受験者層
- 日系企業に就職したいと考えている方、もしくは現在就労されている方
- 日本語学習の中〜上級程度の日本語力をお持ちの方

（3）評価方法

レベル評価形式
- 得点率により、レベルA＋からレベルE－までの10段階のレベル別に評価します。
- サーティファイ コミュニケーション能力認定委員会が評価します。

（4）出題形式

	説　明
内容	日常生活及び就労場面における日本語によるコミュニケーション能力に関する知識を、基礎知識編（読解）及び事例編（聴解・聴読解）として出題する。
形式	「Webテスト／ペーパーテスト」選択制 （Webテストもしくはペーパーテストのどちらかをお選びいただけます。） ・Webテスト：Web上で文章及び音声にて提示される多肢選択問題について、Web上で解答。 ・ペーパーテスト：問題冊子及び音声にて提示される多肢選択問題について、マークシートで解答。
題数	50問（Part 1. 基礎知識編18問、Part 2. 事例編32問）
時間	80分（Part 1. 基礎知識編30分、Part 2. 事例編50分） ※Part 2. 事例編の時間には、注意事項や問題例の説明時間は含まれません。

1 Test Outline

1-1 Purpose of the test

The purpose of the Practical Japanese Communication Exam (PJC) is as follows.

"To expand opportunities for employment and foster the ability to do business in Japanese for non-native Japanese speakers by evaluating understanding of communication skills with colleagues and superiors, business etiquette, and customer hospitality."

1-2 Exam Outline

(1) Test Qualifications

Test-takers are non-native speakers of Japanese. There are no other requirements in regards to nationality, age, academic background, etc.

(2) Target

* Those who are working for a Japanese company / want to work at a Japanese company
* Those who have an intermediate to advanced education in the Japanese language

(3) Certification Method

Certification by levels

- 10 levels from E− to A+ depending on score
- Certification provider is "Certify Communication Proficiency Skills Qualification Committee"

(4) Question format

	Explanation
Content	Tests knowledge and communication skills regarding Japanese use in work situations and everyday life. -Part 1. Basic Knowledge Section (Reading Comprehension) -Part 2. Case Study Section (Listening Comprehension / Listening and Reading Comprehension)
Format	Choice of Online Test or Paper Test (Test-takers can take the test online or by a paper-based examination form.) ・Online Test: Check answers for multiple-choice questions and listening questions on the Online Test. ・Paper Test: Mark answers for multiple-choice questions and listening questions in a provided answer sheet.
Number. of questions	50 questions (Part 1. Basic Knowledge Section: 18 questions, Part 2. Case Study Section: 32 questions)
Test time	80 minutes (Part 1. Basic Knowledge Section: 30 minutes, Part 2. Case Study Section: 50 minutes) ※The test time of Part 2. Case Study Section does not include the time for explanation.

(5) 参考サイト

実践日本語コミュニケーション検定　情報サイト

http://sikaku.gr.jp/c/pjc

1-3 試験構成一覧

問題項目			内　容	問題数
Part 1. 基礎知識編	1	社会人としての心構え	テーマ1.　求められる勤労意識 テーマ2.　求められる就業マナー テーマ3.　企業内コミュニケーションの重要性 （※上記テーマから3問出題）	3問
	2	人間関係の作り方	コミュニケーションを取る際の留意点	1問
			敬語	2問
			効果的な伝え方	1問
			話の組み立て方	1問
			ビジネスにおける指示の受け方・確認の仕方	1問
			あいづちの打ち方	2問
			依頼の断り方	1問
			日本文化特有のコミュニケーション	1問
	3	効率的な仕事の進め方	テーマ1.　報告・連絡・相談 テーマ2.　PDCA テーマ3.　仕事の優先順位 テーマ4.　来客応対 テーマ5.　電話応対 テーマ6.　アポイントメント テーマ7.　名刺交換 テーマ8.　Eメール （※上記テーマから5問出題）	5問
Part 2. 事例編	1	来客応対	(1)　聴解 (2)　聴読解	32問 ※内訳 (1)聴解2問 　×8項目 (2)聴読解2問 　×8項目
	2	電話応対		
	3	報告・連絡・相談		
	4	他社訪問		
	5	接遇・接客		
	6	クレーム対応		
	7	会議・打ち合わせ		
	8	面接		

(5) Reference Website

Practical Japanese Communication Exam Information Site
http://sikaku.gr.jp/c/pjc

1-3 Test Structure

Section			Content	No. of questions
Part1. Basic Knowledge Section	1	Mental attitude as a member of society	Topic 1. Expected work consciousness Topic 2. Expected work manners Topic 3. Importance of intra-company communications (*3 questions from the above topics will be picked)	3 questions
	2	How to build human relations	Things to keep in mind when communicating	1 question
			Respectful language (Keigo)	2 questions
			Effectively conveying an opinion	1 question
			Assembling a story	1 question
			Confirming and receiving instructions in a business setting	1 question
			Active listening (Aizuchi)	2 questions
			Refusing a request	1 question
			Japanese culture-specific communication	1 question
	3	How to work efficiently	Topic 1. Reports and contact and consultation Topic 2. PDCA Topic 3. Prioritization of tasks Topic 4. Dealing with visitors Topic 5. Handling phone calls Topic 6. Appointments Topic 7. Exchanging business cards Topic 8. Email (*5 questions from the above topics will be picked)	5 questions
Part2. Case Study Section	1	Dealing with visitors	(1) Listening Comprehension (2) Listening and Reading Comprehension	32 questions *Breakdown (1) Listening Comprehension: 2 questions × 8 items (2) Listening and Reading Comprehension: 2 questions × 8 items
	2	Handling phone calls		
	3	Reports and contact and consultation		
	4	Visiting other companies		
	5	Reception / customer service		
	6	Handling complaints		
	7	Meetings / arrangements		
	8	Interview		

レベル		得点率 (とくてんりつ)	レベル内容 (ないよう)
A	A+	約91% ～100%	日本でのコミュニケーションにおいて、ほぼあらゆる状況で適切なコミュニケーションをとれる力がある。 ・周囲の状況を鑑みて、自分に何が求められているか、自分の行動が相手にどのような影響を及ぼすか、またその結果事態がどのように進展するかを予測しながら、コミュニケーションの目的に向けて動くことができる。
	A−	約81% ～90%	・相手の発言に、言葉の内容とは異なる意図が暗に含まれている場合、相手の言葉の端々からその意図を汲み取って、的確に対応することができる。 ・状況に応じた表現の使い分けが問題なくできる。 ・日本のビジネスマナーやコミュニケーションに関する深い知識がある。
B	B+	約71% ～80%	日本でのコミュニケーションにおいて、やや限定された状況であれば、おおむね適切なコミュニケーションをとれる力がある。 ・周囲に配慮しながら、コミュニケーションの目的に向けて動くことができる。 ・相手の発言に、言葉の内容とは異なる意図が暗に含まれている場合、その意図をおおむね理解して、的確に対応することができる。
	B−	約61% ～70%	・状況に応じた表現の使い分けがある程度はできる。 ・日本のビジネスマナーやコミュニケーションに関する基本的な知識がある。 （今後、より多くの知識・経験を得ることで、日本におけるコミュニケーション力のさらなる向上が期待される。）
C	C+	約51% ～60%	日本でのコミュニケーションにおいて、限定された状況であれば、基本的なコミュニケーションをとれる力がある。 ・相手に配慮しながら、基本的なコミュニケーションをとることができる。 ・相手の発言に、言葉の内容とは異なる意図が暗に含まれている場合、あまり複雑なものでなければ、その意図を理解することができる。
	C−	約41% ～50%	・状況に応じた表現の使い分けが若干であればできる。 ・日本のビジネスマナーやコミュニケーションに関する初歩的な知識がある。 （今後、より多くの知識・経験を得ることで、日本におけるコミュニケーション力のさらなる向上が期待される。）
D	D+	約31% ～40%	日本でのコミュニケーションにおいて、適切さを欠く場合が少なくない。 ・相手に配慮しながら、コミュニケーションをとることが難しい。 ・相手の発言に、言葉の内容とは異なる意図が暗に含まれている場合、その意図を理解することが難しい。
	D−	約21% ～30%	・状況に応じた表現の使い分けが難しい。 ・日本のビジネスマナーやコミュニケーションに関する知識が乏しい。 （今後、より多くの知識・経験を得ることで、日本におけるコミュニケーション力の向上が期待される。）
E	E+	約11% ～20%	日本でのコミュニケーションにおいて、適切さを欠く場合が多い。 ・相手に配慮しながら、コミュニケーションをとることができない。 ・相手の発言に、言葉の内容とは異なる意図が暗に含まれている場合、その意図を理解することができない。
	E−	約0% ～10%	・状況に応じた表現の使い分けができない。 ・日本のビジネスマナーやコミュニケーションに関する知識が乏しい。 （今後、より多くの知識・経験を得ることで、日本におけるコミュニケーション力の向上が期待される。）

1-4 Certification Standards

Level		Percentage of correct answers	Standards
A	A+	Approximately 91%~100%	Has appropriate overall Japanese communicative skills under almost all conditions. · Can communicate his/her intent while considering what is expected of him/her based on the surrounding circumstances, what kind of effect his/her actions will have on the person he/she is talking to and predicting the results of those actions.
	A−	Approximately 81%~90%	· Can fully understand all innuendo and nuance when spoken to and can respond appropriately. · Can respond to situations with the appropriate Japanese. · Has a deep understanding of business etiquette and communication styles in Japan.
B	B+	Approximately 71%~80%	Has mostly appropriate overall Japanese communicative skills under only somewhat limited conditions. · Can move towards the purpose of the conversation while taking listeners' perspectives into account. · Can mostly understand innuendo and nuance when spoken to and can respond appropriately.
	B−	Approximately 61%~70%	· Can respond to situations with mostly appropriate Japanese. · Has basic understanding of business etiquette and communication styles in Japan. (It is expected that this person would be able to further improve their overall Japanese communicative skills through experiencing and learning more).
C	C+	Approximately 51%~60%	Has basic overall Japanese communicative skills under limited conditions. · Can basically communicate while taking listeners' perspectives into account. · Can understand innuendo and nuance in simple conversation.
	C−	Approximately 41%~50%	· Can respond to situations with somewhat appropriate Japanese. · Has rudimentary understanding of business etiquette and communication styles in Japan. (It is expected that this person would be able to further improve their overall Japanese communicative skills through experiencing and learning more).
D	D+	Approximately 31%~40%	Has gaps in their overall Japanese communicative skills. · Has difficulty communicating while taking listeners' perspectives into account. · Has difficulty understanding innuendo and nuance when spoken to.
	D−	Approximately 21%~30%	· Has difficulty responding to situations with the appropriate Japanese. · Has poor understanding of business etiquette and communication styles in Japan. (It is expected that this person would be able to improve their overall Japanese communicative skills through experiencing and learning more).
E	E+	Approximately 11%~20%	Has many gaps in their overall Japanese communicative skills. · Cannot communicate while taking listeners' perspectives into account. · Cannot understand innuendo and nuance when spoken to. · Cannot respond to situations with the appropriate Japanese.
	E−	Approximately 0%~10%	· Has poor understanding of business etiquette and communication styles in Japan. (It is expected that this person would be able to improve their overall Japanese communicative skills through experiencing and learning more).

② PJC が測定するもの

2-1 測定するもの

　企業等で即戦力となる人材を見分けるために、日本語文法や漢字の読み書きではなく、日本語を適切に使いこなせる「日本語運用能力」及び相手・状況に応じて話題や表現を取捨選択できる「社会言語的能力」を測定・評価します。また、状況設定は、ビジネスシーンを主体としているため、必然的に「ビジネス会話力」「ビジネスマナー等の理解度」も併せて測定します。

2-2 特徴

　PJC は、アカデミック・ジャパニーズではなく、実際の日常生活での日本語運用能力、社会言語的能力を測定することを主体としているため、以下を特徴とします。

(1) 漢字の読み書きや、文法力だけを見る問題は出題しません。すべて、会話表現の流れの中で、使用方法の適切さ、慣用表現の適切さ、さらには話題の適切さ、相手との距離の取り方の適切さ、といった観点から出題します。
➡日本語能力にプラスして、会話の自然さ、状況対応力、対人調整能力、日本文化理解度等を測定。

(2) まず、Part 1. 基礎知識編で、社会人としての意識や基本的なビジネスマナーに関する理解度を出題します。さらに Part 2. 事例編で、ビジネス場面でよく遭遇する状況を設定し、シチュエーション別に適切なコミュニケーション行動をとれるかを問います。
➡ビジネスで必要とされるマナーやコミュニケーションについて、体系立った構成で出題。

(3) 長文読解問題は出題しません。
➡コミュニケーション能力の測定を重視するため、長文読解問題で文法力を問うことはあえてせず、それにより、試験時間の短縮化を実現。

(4) 日本人向けの「コミュニケーション検定」の試験問題の中から、項目応答理論で分析して良問と判断された問題を素材として部分的に使用します。
➡コミュニケーション能力に関する約10年の出題実績をもとに、日本人と接するにあたって必要とされる生きたコミュニケーション能力を測定。

② What the PJC measures

2-1 What is measured

Similar to how companies look for those who can immediately thrive at their job, the PJC does not look for qualities such as perfect understanding of Japanese grammar and the ability to write Kanji, but rather evaluates proficiency to use appropriate Japanese and the sociolinguistic competence to respond to people and situations using different expressions and conversation topics. In addition, because the skills required are used in business, business conversation skills and understanding of business etiquette are invariably evaluated as well.

2-2 Characteristics

Because the PJC does not evaluate academic Japanese but rather Japanese language proficiency and sociolinguistic competence in everyday settings, it has the following characteristics.

(1) Questions are not focused on the ability to use grammar and reading and writing Kanji. All questions are formulated based on the appropriate use of language, the appropriate use of idioms, the appropriate use of topics, and the appropriate distance to take with the person you are talking with in mind in a conversation.
   ➡In addition to Japanese language ability, the naturalness of conversation, ability to respond to different situations, ability to adjust to the person you are talking to, and your understanding of Japanese culture will be evaluated as well.

(2) The Basic Knowledge Section (Part 1) will evaluate your understanding of business etiquette and basic consciousness as a member of society. The Case Study Section (Part 2) will place you in various business settings and test your ability to respond appropriately to each situation.
   ➡Questions regarding necessary business etiquette and communication will be given in a structured system.

(3) There are no long-form reading comprehension questions
   ➡Because PJC places importance on communicative abilities, long-form reading comprehension questions are not asked, allowing a shorter testing time.

(4) Some questions from the Communication Proficiency Exam (made for native Japanese speakers) that have been analyzed effective by the item response theory are used as a material for PJC.
   ➡Your ability to communicate in Japanese will be evaluated through questions based on over 10 years' worth of experience in examining communication skills.

3 試験結果のフィードバック方法

3-1 試験結果のお知らせ

(1) レベル証明書「OFFICIAL LEVEL CERTIFICATE」(個人結果表)

受験者全員に、レベル証明書「OFFICIAL LEVEL CERTIFICATE」を交付します。

(2) 試験結果一覧(受験者結果一覧表)

団体受験の場合、実施ご担当者様に、受験者全員の結果が一覧表になった、「試験結果一覧」を交付します。

レベル証明書「OFFICIAL LEVEL CERTIFICATE」

Test Result Feedback Method

3-1 Announcement of test results

(1) OFFICIAL LEVEL CERTIFICATE (Individual result table)

All examinees will be issued an individual result table "OFFICIAL LEVEL CERTIFICATE".

(2) Result list (Group Exam result list)

For group exams, the persons in charge of each group will be issued a list with the results of all examinees.

試 験 結 果 一 覧

			発行日	2013年11月20日
試 験 名	実践日本語コミュニケーション検定 (Practical Japanese Communication Exam : PJC)		試験日	2013年11月01日
会場コード	00001	会 場 名	サンプル日本語学校	

受験番号	氏 名	生年月日	Part1 基礎知識	Part2 事例聴解	Part2 事例聴読解	総得点率	レベル
90001	TARO SHIKEN	1990.01.01	78.0%	69.0%	69.0%	72.0%	Level B+
90002	HANAKO SHIKEN	1991.02.01	56.0%	56.0%	56.0%	56.0%	Level C+
90003	JIRO SHIKEN	1992.03.01	17.0%	6.0%	31.0%	18.0%	Level E+

page 1

試験結果一覧 （Result list）

試験内容のポイント

 Part 1. 基礎知識編

Part 1. 基礎知識編とは…
・読解問題です。
・日本企業で働く際に必要とされる「社会人としての心構え」、日本における「人間関係の作り方」、仕事を進める際のポイントとなる「効率的な仕事の進め方」の三つから構成されています。
・基礎的な知識を問うことで、日本におけるコミュニケーションの取り方の基本を理解しているかを測定します。

 Part 2. 事例編

Part 2. 事例編とは…
・聴解問題です。
・「(1) 聴解」「(2) 聴読解」の二部構成です。「(1) 聴解」を行った後、「(2) 聴読解」を行います。
・ビジネスシーンでよく見られるシチュエーション別に、その状況に合った適切なコミュニケーション行動を理解しているかを測定します。

〈出題方法〉

	出題方法	基本的な音声の流れ
(1) 聴 解	・問題文（状況設定文）と相手の発話文を聞き、それに対する適切な応答内容を問う。 ・問題文（状況設定文）は文字と音声で提示。相手の発話文と選択肢は音声のみで提示。 ・一つの状況設定から2設問出題。	問題文（状況設定文）①＋相手の発話文①＋選択肢①〈解答時間〉＋問題文（状況設定文）②＋相手の発話文②＋選択肢②〈解答時間〉 ※文字数：問題文（状況設定文）は1設問100〜150文字程度。相手の発話文＋選択肢は1設問150〜250文字程度。計500〜800文字程度。
(2) 聴 読 解	・問題文と会話文を聞き、その会話文に関する説明として適切なものを問う。 ・問題文と会話文は音声のみで提示。質問文と選択肢は文字のみで提示。 ・一つの状況設定から1設問出題。	問題文＋会話文 ※文字数：問題文＋会話文は300〜400文字程度。質問文＋選択肢は150〜300文字程度。計500〜600文字程度。

1 Part 1. 基礎知識編

1 社会人としての心構え

ポイント

　社会人とは何か、仕事をするということはどういうことなのかについて学ぶ。また、日本のビジネスシーンで重視される就業マナーや企業内コミュニケーションの基本を学ぶ。

1-1 求められる勤労意識

（1）学生と社会人の違いを知ろう

　学生と社会人の最大の違いは、社会から守られ、支援される立場から、社会を構成する自立した人間として、責任ある行動をとる立場に変化するということです。たとえば、学生時代であれば、多少の問題を起こしても「学生だから」ということで許されることも少なくありません。しかし、社会人になった瞬間から、「もう社会人（大人）なんだから」ということで、自らの行動は自らが律していくことが求められます。

　また、学生時代の責任は、あくまでも個人単位。学校やサークルといった組織に所属し、一定のルール・規範に縛られていたとしても、個々人の言動の責任が組織全体に波及することはあまりないでしょう。しかし社会人になると、個人が犯したミスやトラブルは、組織全体の信頼度に悪影響を及ぼします。そして、日本のビジネス社会では信頼と信用が問われます。自分の言動が、企業、組織の行いとしてとらえられることを深く自覚する必要があります。

　自分本位の行動スタイルから社会人・組織人としての行動スタイルへ。学生と社会人の大きな違いは、自分の判断だけで行動することが許された時代から、社会や組織の一員であることを意識した行動が求められるようになることだといえるでしょう。

（2）顧客に満足を提供することが仕事の基本

　学生と社会人の違いは、経済的な自立の有無としてとらえることもできます。もちろん学生の中にも、働きながら学ぶ就労学生も存在しますが、多くは、家族の支援、奨学金等の社会的支援を受けて生活し、学んでいます。また、家族の支援や奨学金等によって学費を賄っているとはいえ、授業料を支払う立場にいる以上、提供される授業や教育サービスに対して自らの希望・要望を伝えられることは当然です。その要求が満たされない場合には、他の教育サービスを選択するという行動も許されます。

　これに対して、社会人は、自らの力で生きていくことが求められます。仕事を通して経済的な自立を図る必要があります。また、希望する報酬を得ようと思うなら、その報酬に見合った働きをできているか、自分がどれだけの利益を組織の中で作りだせているかを意識する必要があります。目の前のお客様に、いかに喜んでいただけるサービスを提供できるか、また、どうすればよりよい製品を作ることができるのか、常に顧客の

ニーズを探りながら、顧客満足度を高めるために努力をすることが求められるのです。「給与はお客様からいただいている」ことを肝に銘じて、お客様のために貢献することが、ビジネスパーソンの基本です。

同時に、ビジネスにはビジネスを遂行するためのルールや規範があります。ビジネスパーソンとして生きていくには、ビジネスの仕組みやルールを正しく認識し、自らの行動をそれに適合させていくことが求められます。特に、文化や慣習が異なる国・地域で働こうと思ったら、まずはその国・地域の文化や価値観を理解し、個々の国・地域のビジネススタイルやビジネス慣行を尊重した行動スタイルを身につけることが重要です。

1-2 求められる就業マナー

（1）仕事をするための要件

仕事とは、顧客に満足を提供することです。したがって、ビジネスパーソンとは、顧客に満足を提供できる能力をもった人材であり、一般に、その能力は次の四つの要素から構成されます。

① 組織人としての基本動作

仕事は、自分一人だけで遂行するものではありません。他者との「協同」が基本です。「協同」とは、ともに心と力をあわせ、助け合って仕事をすることです。そこでは、組織人としての基本動作、マナーが求められます。

② 仕事人としての基本態度

ビジネスパーソンとして成長するためには、計画力や目標達成力等、一人の仕事人として自らを成長させる力、業務遂行力を高めることが大切です。

③ 専門職としての専門能力

技術やサービスの高度化が進む現在、各分野における最先端の専門知識、専門スキルを身につけ、さらに磨いていくことが求められます。

④ 管理職としての指導能力

管理職やプロジェクトリーダーになると、メンバーの能力や意欲を引き出し、チームをまとめ、牽引するスキルが求められます。

（2）他者と仕事をするために必要な基本動作＝就業マナー

（1）に挙げた四つの要素のうち、① 組織人としての基本動作は、どんな職種、仕事内容にも必要となるものです。特に、日本においては、いわゆるビジネスマナーと呼ばれるものを重視する傾向があります。日本のビジネスシーンになじむためにも、できる限り早期に就業マナーを身につけましょう。

■主な就業マナー

① 時間のルール（より速く）
アポイントメントの時間や納期を守ること、余裕をもって仕事を終わらせること等、ビジネスでは時間を守ることは基本中の基本です。また、守るだけでなく、可能な限り前倒しする、万一、遅れる場合には関係者へ早めに連絡する等も大切なルールです。

② 仕事のルール（より正確に、より高く）
仕事は、スピードだけが大事なわけではありません。いくら仕事が早いからといって、指示されたことを正しく遂行できなければ意味がありません。日本では、指示されたことが正しく行われているかを把握するために、報告・連絡・相談を徹底して行います。早めに上司の判断を仰ぐことで、より高いレベルでの業務遂行を目指すのが基本です。

③ 人間関係のルール（より円滑に）
「働く」＝「はた（周囲）をらく（楽）にすること」。自分だけがいいという態度ではなく、関係者と円滑なコミュニケーションを図り、周囲のためにもなるような仕事をすることで、チームとしての業務遂行レベルは向上します。

　とりわけ日本においては、周囲への気配りが重要で、他者の迷惑となる行動は慎むと同時に、職場の仲間として他者の業務をサポートする姿勢が求められます。

(1-3) 企業内コミュニケーションの重要性

（1）チームとは何か
　日本のビジネスシーンでは、単独で仕事をするより、仕事内容に応じて編成されるチームで活動するのが一般的です。チームの成果をあげようと思ったら、チームのメンバーが、チームとは何かを十分に理解し、チームプレーを心がけることが大切です。

■チームの特徴

① 共通の目標がある
複数の人員・メンバーで構成され、共通の目標を掲げて行動するのがチームです。特に達成すべき目標をもたない集団は、単なるグループにすぎません。

② 一人ひとりが役割をもっている
チームは、目標を達成するために必要なスキルをもった人員で構成されます。メンバーは能力や経験に応じてさまざまな役割を割り振られ、業務の遂行を求められます。

③ 多様なメンバー、多様な価値観で構成される
目標は共通でも、チームを構成するメンバーは多種多様です。上司や部下、先輩と後輩の違いの他、さまざまな役職、経歴の持ち主がチームを構成します。また、価値観もさまざまで、国籍や年齢、性格による考え方や、趣味・嗜好の違いもあります。

(2) チームで行動することの意味

　チームで仕事をし、結果を出すために、メンバー個々人が設定された目標を理解し、かつ個々人に与えられた役割を担っていくことが大切です。また、価値観や考え方が異なるメンバー同士が連携するためには、チームプレーの善し悪しが鍵となります。そのあり様は、野球やサッカー等の団体競技のチームプレーにもたとえられます。

　たとえば、野球における守備のチームプレーは、次のように整理できます。

〔チームの目的〕

・相手を0点に押さえること（アウトをとること）

〔チームの編成〕

・投手／・捕手／・内野手（一塁、二塁、三塁、遊撃)／・外野手（右翼、左翼、中堅)

〔メンバーの役割〕

・投手：打たれないように投げる。

・捕手：打たれないように投手をリードし、捕球する。

・内野手、外野手：それぞれの守備位置でヒットにならないように捕球する。

※その他、チームをリードするキャプテンやベテラン、新人等の立場もある。

〔チームの連携〕

・打球を、誰がどのように捕球するかを明確にする。

・走者がいる場合には、進塁阻止やアウトにするための送球の仕方を定めておく。

・捕球や送球ミスの場合のカバーの仕方を決めておく。

〔チームプレーを高めるために〕

・上記の連携方法について、事前にチーム内で情報共有を図っておく。

・事前に想定できなかった事態に対しては、柔軟に対応できるように行動原則を決めておく。

・いつでも相談、議論できるようにコミュニケーションを円滑化する。

(3) チームコミュニケーションの重要性

　野球の例に限らず、チームプレーを向上させるためには、事前に情報共有を図ったり、いざというときに相談し合うなど、コミュニケーションを密にとることが重要です。また、国籍や宗教、文化的な背景によって、さまざまな価値観をもった人で構成される企業組織では、コミュニケーションの善し悪しが、働く人のモラル（士気、動機づけ）や職場の雰囲気に影響を与え、生産性にも影響を及ぼすことがあります。

■チームコミュニケーションの目的

① チーム内の情報伝達の円滑化
② チーム内の人間関係の維持・向上

(4) 互いの立場、価値観を理解する

　チーム内のコミュニケーションを円滑に進めるためには、互いの価値観や考え方の違いを尊重し、相互理解に努めることが大切です。特に、国籍や宗教の違いは、人生観やビジネススタイルにも影響を及ぼすことが多いため、自分の価値観だけで他者の行為の善し悪しを判断したり、人間性を評価することがないように心がけます。

　具体的には、次の点に注意して、チームコミュニケーションの円滑化を図ります。

① 短絡的に判断しない

　たとえば、「業務の遂行状況をこまめに報告してください」と言われたとき、あなたはどのように感じるでしょう。

　「上司は情報を早く吸い上げることで、次の対策を講じようとしている」と肯定的に受け取る人もいれば、「頻繁に報告を求められるのは自分が信頼されていないからだ」と否定的にとらえる人もいます。特に、日本で働く外国籍の人は、頻繁に求められる報告・連絡・相談（ホウレンソウ）を、自分に対する信頼度が低いことの表れとしてとらえてしまいがちです。しかし、日本のビジネスシーンでホウレンソウの徹底を図るのは当然のことです。業務を円滑、かつ高いレベルで遂行するためのビジネス習慣としてとらえましょう。

② 発言や行動の理由・背景を考える

　相手の意図を理解しないまま、相手の言動にその都度反応していては、コミュニケーションギャップは広がるばかりです。一見すると理不尽な言動も、自分がその意図を理解できないだけで、相手にとっては明確な理由が存在することがあります。

　もし理解できない、納得できない言動があったときには、反発する気持ちを押さえて、なぜ、そのような言動をとるのか確認してみましょう。相手の言動の背景にあるものを聞き出す「確認」も、日本のビジネス慣習で大切にされている行為です。

③ 価値観の違いを楽しみ、自分の価値観も伝える

　新しい商品を生み出すためには、多様な価値観をもっている人が、多様な視点でアイデアを出し合うことが重要です。価値観が異なる人との出会いは、ビジネスにおいてはプラスであると理解し、価値観の違いを楽しむ姿勢をもつことが大切です。同時に、自分の価値観も伝え、他者との協同を図っていきましょう。

2　人間関係の作り方

ポイント

　ビジネスにおいて人間関係を構築することの意味、コミュニケーションを図ることの重要性を理解する。また、日本特有のコミュニケーションルールの基本を学ぶ。

2-1　コミュニケーションを取る際の留意点

（1）相手を尊重し、相手の意図を受け止めることが基本

　コミュニケーションの基本は、「話す」よりも「聞く」にあります。自分が一方的に主張するのではなく、お互いの立場や価値観を尊重しながら、まずは相手の意図を受け止めることが必要です。特に、顧客や上司とのやりとりでは、まずは相手の要望・主張に耳を傾けます。その上で、相手の立場に立って、自分の主張や意見を述べていくことが大切です。

（2）非言語コミュニケーションにも注意する

相手の意図を受け止めるためには、相手が発する言葉だけではなく、話すときの態度や表情、話す声の大きさやスピード等の“非言語コミュニケーション”にも気を配ることが大切です。

特に日本のビジネス社会では、ストレートに主張したり、要望を断ることを躊躇する傾向があります。しかし、表現上は「依頼」の形をとりながら、実際は「命令」の意図をもって行われる会話や、相手を傷つけないように配慮はしているが、実は明確な拒否・否定の意図をもって行われる会話もあります。こうしたケースでは、相手の意図を把握することはなかなか困難ですが、相手の立場に立ちながら、非言語メッセージも参考にしてどういう気持ちで話しているのかを理解しようとすることで、真意を把握する能力は少しずつ向上します。

（3）「伝える」から「伝わる」コミュニケーションを

相手に自分の思い・主張を伝えるときに大切なのは、相手に「伝わる」話し方を心がけることです。ビジネスシーンを見てみると、経験が豊かな人でも、一人よがりの話し方をしている人がいます。つまり、伝える際に、相手に伝わるように話す工夫を怠っている人が多いのです。

たとえば、「こんなことは言わなくてもわかるだろう」と伝えるべき情報を省略してしまうことなどが挙げられます。情報伝達をする際は、相手の立場に立ち、相手に伝えるべき情報を漏らさず、相手に理解できる表現で伝えることが大切です。

（4）まずは挨拶から。ビジネスは挨拶の仕方で決まる

日本のビジネスシーンでは、「挨拶」が人間関係を構築する際の重要な鍵を握っています。朝は、「おはようございます。」と言って入室します。顧客や上司に対しては、自ら率先して挨拶し、先にされたら必ず返すといった基本動作を習慣にしましょう。また、どんなに親しくなっても、顧客や上司をファーストネームで呼ばない、といった日本のビジネス慣行に合わせていくことも重要です。相手のビジネス習慣に合った挨拶を心がけましょう。

2-2 敬 語

（1）敬語の基本を知ろう

敬語は、よりよい人間関係を構築する上で重要な役割を果たします。敬語を正しく覚え、うまく使うことにより、ビジネス活動を円滑に進めることができます。

一方で、敬語は日本独特の文化に根ざしているため、日本語の中でも活用が難しいものの一つです。使い方を誤ると相手の心証を損ねたり、ビジネスチャンスを失うこともありますので注意が必要です。まずは敬語の位置づけを認識し、次に敬語の種類や活用法について理解を深めていきましょう。

■敬語の位置づけ

ビジネスにおける人間関係は、相手を尊重することが基本です。敬語は、相手を尊重する気持ちを表現する言葉です。敬語を使うことで、「心の底からあなたのことを尊重して話しています。」という気持ち・姿勢が伝わりやすくなります。

■敬語の種類
敬語には、次の三つの種類があります。

① 尊敬語

相手の動作や状態を、自分よりも高めて表現する言葉です。尊敬表現には次の三つのパターンがあります。
a．尊敬を表す別の動詞に置き換える
　　例）話す→おっしゃる　来る→いらっしゃる
b．お（ご）〜になる（動詞に『お』または『ご』をつけ、『〜になる』をつける）
　　例）話す→お話しになる　見る→ご覧になる　来る→お越しになる
c．動詞＋「れる」または「られる」（動詞に尊敬の助動詞「れる」「られる」をつける）
　　例）話す→話される　聞く→聞かれる

② 謙譲語

自分の動作や状態を、相手よりも低めて表現する言葉です。結果として、相手への敬意を表現します。謙譲表現には次の三つのパターンがあります。
a．謙譲を表す別の動詞に置き換える
　　例）話す→申す　聞く→拝聴する、伺う、承る　行く→伺う、参る
b．お（ご）〜する（動詞の頭に『お』または『ご』をつけ、『〜する』をつける）
　　例）話す→お話しする　聞く→お聞きする
c．動詞の後に語尾「〜させていただく」をつける
　　例）話す→話させていただく　聞く→聞かせていただく
※「〜させていただく」という表現は、上下関係がある状況で、「相手の許可を得て何かをする」という場合にのみ使用します。

③ 丁寧語

言葉そのものをていねいに感じよく表現する言葉です。「です」「ます」「ございます」等が該当します。「です」「ます」よりも「ございます」の方が、よりていねいです。下記の例では、A、B、Cの順にていねいさが増していきます。
　Ａ：ここにあるのが、私たちの会社です。
　Ｂ：こちらにありますのが、私たちの会社です。
　Ｃ：こちらにございますのが、私どもの会社でございます。

(2) 敬語の使い分けの基準を知ろう

敬語に三つの種類があることが理解できても、どんなときにどの敬語を使うかという基準が理解できなければ、ビジネスシーンで使いこなすことはできません。

敬語の役割には一般的に、「互いの立場や関係性を示す」こと、「外部・第三者から見たときにも、話し手たちがどのような上下関係にあるかがわかるようにする」こと等があります。そのため、「だれと」「だれについて」話すかによって、使い方が変化します。

だれが	だれと	だれについて話すのか	敬語の種類
私が	社外の人	相手、相手の会社の社員、他のお客様	尊敬語
	上司・先輩	相手、社外の人、他の上司・先輩	
	同僚・後輩	社外の人、上司・先輩	
	社外の人	私、私の会社の社員	謙譲語
	上司・先輩	私	
	上司・先輩	私の同僚・後輩	丁寧語
	同僚・後輩	私、相手、私の同僚・後輩	

(3) 二重敬語に注意する

　　敬語は、相手を尊重する気持ちを表現する言葉であり、敬語を使われた方も、その気持ちを受け止め、円滑な人間関係を構築しようという姿勢を示すのが一般的です。ところが、敬語は使いすぎると逆効果になることがあります。いわゆる二重敬語と呼ばれるものがそれで、二重に敬う言葉を使うのは、相手を尊重する気持ちからではなく、形式的に敬語を使っているだけだからだとみなされてしまいます。

　　特に、次のようなパターンでは用法を誤りやすいので、注意が必要です。

① お（ご）＋尊敬語＋になる

　　例）× お召し上がりになってください　　○ 召し上がってください

② お（ご）＋動詞（＝尊敬の形式）＋れる（られる）

　　例）× ご覧になられましたか　　○ ご覧になりましたか

③ 尊敬語＋れる（られる）

　　例）× なんとおっしゃられたのですか　　○ なんとおっしゃったのですか

(4) 敬称の使い方

① 「～さん」　　例）高橋さん

　　最も一般的な人の呼び方です。名字の後に「さん」を付けます。ある程度、親しくなった相手には、社内／社外、目上／目下のいずれの場合にも使えます。

② 「～さま」　　例）鈴木さま

　　よりていねいに相手を呼ぶ場合の呼び方です。名字の後に「さま」を付けます。主に、お客様に対して使います。

③ 役職名をつける　　例）山田社長、田中部長、本田課長等

　　役職をもつ人を呼ぶ場合は、名字の後に「社長」「部長」「課長」等の役職名を付けて呼ぶこともあります。

　　※役職をもつ人を呼ぶ場合、名字は言わずに、「社長」等と役職名のみで呼ぶことも一般的です。

※自分や社内の人の名前を他社の人やお客様の前で呼ぶときは、謙譲の気持ちを表すため、敬称はつけません。

例）○　社長の山田　　×　山田社長

2-3　効果的な伝え方

（1）訴求力を高めるためには話し方の工夫が必要

　情報は、より効果的に相手に伝えることが大切です。そのためには、訴求力を高めるためのスキルを身につける必要があります。下記を参考にしながら、情報伝達力の向上を図りましょう。

① 話の焦点を絞り、ワンセンテンスを短くする

　人間は一度に多くの情報を伝えられても、すべてを受け止めきれません。焦点を絞って、重要な事柄が印象に残るように話をすることが重要です。

　同様に一つのセンテンスを短く話すことも効果的です。日本語は英語等と違い、センテンスの最後に結論を述べるという特性をもっています。ワンセンテンスが長いと、何を言っているか途中でわからなくなってしまいます。ダラダラとした文は短くして歯切れのよいセンテンスにします。ワンセンテンスに要点一つと心得ましょう。

② ナンバリングして話す

　話す内容が複数ある場合は、項目にナンバリングをして話すと、聞き手にとって理解しやすい話になります。

例）「効果的に話すためには四つのポイントがあります。一つめは……。二つめは……。三つめは……。四つめは……です。」

③ 二つのことを比べて示す

　「導入前」「導入後」、「メリット」「デメリット」等、二つのことを比べて示すと、その差異が強調されるため、聞き手は鮮明にイメージできます。

④ 因果関係を示す

　物事には必ず原因と結果があります。「……ということから、○○○という結果になりました。」「こうした結果になったのは……が原因です。」というように、原因と結果の関係を明確にして話すと、多少複雑な話でも相手の理解は容易になります。

⑤ 命令文は依頼文、否定文は肯定文で表現する

　日本のビジネスシーンでは、命令口調や否定的な言葉を避けることが大切です。なぜならば、命令口調や否定的な言葉は、聞き手が心に壁を作ったり、気分を害したりするからです。命令文は依頼文に、否定文は肯定文に言い換えることが大切です。

例）○○しなさい　　→　　○○していただけませんか
　　○○できません　→　　○○いたしかねます

2-4 話の組み立て方

（1）相手に伝わるような流れをつくる

　　届けたい情報を相手にきちんと伝えるためには、話の流れや話の組み立て方について注意する必要があります。

① 5W2Hで情報を整理する

　　他者に何かを伝えようと思ったら、まず、発信すべき情報を整理することが大切です。情報の多くは次の七つの要素で構成されています。まずは頭の中にあるさまざまな情報を5W2Hで整理することから始めてみましょう。

> When（いつ）　Where（どこで）　Who（だれが）　What（何を）
> Why（なぜ）　How（どのように）　How much/many（いくらで、どれくらいで）

② 結論から先に話す

　　情報を伝える際は、結論や重要な事柄を先に伝えます。最初に結論を話した上で、その結論にいたった経緯や理由等を説明しましょう。また、伝えたい内容の全体像を先に話した上で、詳細な部分へと話を展開させていくことも大切です。結論や全体像を最初に示した方が、聞き手も話の内容を受け止めやすくなり、理解が進みます。

③ 事実と意見・感想を区別する

　　日本のビジネスシーンでは、事実と意見を明確に区分して話すことが求められます。特に報告事項については主観的な意見や感想を排し、客観的な事実を報告することを優先します。事実と主観を明確に区別することで、相手に正確な情報が伝わり、客観的な判断を仰ぐことができます。

④「主－話－主」の流れで話す

　　話の構成を「主：主題（話すテーマ、目的）」「話：話題（話の本題、内容）」「主：主張（言いたいこと、強調したいこと）」の順で話すと、理解されやすくなります。
　　例）「今日は私の新入社員時代の失敗談についてお話ししたいと思います。」（主題）
　　　　「あれは、入社間もない4月の頃でした。上司と初めて取引先を訪ねたところ、……。」（話題）
　　　　「この経験から私は一つの教訓を得ました。それは……です。以降、私は、その経験を胸に今日まで頑張ってきました。」（主張）

⑤ 時間に沿って話す

　　「過去・現在・未来」といった時系列順に話を整理したり、「ステップ1」「ステップ2」「ステップ3」と段階を追って話をする方法は、話の流れが整理しやすく、聞き手の理解も進みます。

（1）上司や先輩の指示・命令を受けるときのポイント

　　日本のチームは、上下の関係が明確です。上司の役割は、個々人の業務の進捗状況をチェックしたり、新たな業務指示を出すことで、部下の役割は上司の指示に従うことです。また、先輩、後輩の上下関係も存在し、同じ役割を担う社員同士であっても、社歴や経験の浅い社員は社歴の長い社員の指示に従うのが一般的です。

① 呼ばれたら顔を向け「はい」と返事をする

　　上司や先輩から呼ばれたら、仕事の途中でもすぐに対応するのが日本のビジネススタイルです。「はい」と返事をして上司の方に顔を向け、上司の口から指示が発せられるのを待ちましょう。よそ見をしたり、返事をしなかったりするのは失礼にあたります。

② メモの準備をして上司や先輩のところへ行く

　　呼ばれたら、ペンとメモ帳を持って上司や先輩の席に出向きます。指示を漏れなく正確に受けるためには、ポイントを書きとめながら聞くことが大切です。

③ 指示は最後まで聞き、話を途中でさえぎらない

　　上司や先輩からの指示は最後まで聞きましょう。途中で話をさえぎってはいけません。また、話がおおむね理解できたからといって、自分の判断で話を終わらせてはいけません。なぜならば、話をさえぎることで、伝えられるべき大切な情報が漏れてしまうことがあるからです。また、せっかく自分のために指示してくれているのを、途中でさえぎることは、上司や先輩に対して失礼にあたるからです。

④ 要点をメモする（5W2H、固有名詞に注意）

　　指示の中で大事な部分は必ずメモに残す習慣をつけましょう。メモをとるときには、指示内容の5W2Hを漏れなく記載します。また、提示された固有名詞や数字も正しく記録するよう心がけます。

⑤ 疑問点は指示の後で質問する

　　日本のビジネスシーンでは、指示を伝え終わった上司や先輩が「何か質問はありますか。」等と尋ねてくれることが一般的です。メモの内容や資料を確認しながら、少しでもわからないところがあれば、その場で確認するようにしましょう。上司や先輩から質問を促されない場合は、「質問してもよろしいでしょうか。」と許可を得てから、不明点を聞いてください。なお、質問する際は、何を知りたいのかをはっきりさせ、正しい言葉遣いで聞きましょう。

⑥ ポイントを復唱し、確認する

　　指示は正しく受けることが大切です。上司や先輩からの指示、質疑応答が終わったら、「指示内容を確認させていただきます。」と言って、「いつまでに」「何を」「どうするのか」等のポイントを復唱・確認する習慣をつけましょう。

2-6 あいづちの打ち方

（1）相手が話しやすい環境をつくる

　相手の話を聞くときのポイントは、最後まで耳を傾けながら聞くことです。大切なのは、「あなたの話を聞いていますよ、だからもっと話をしてください。」という姿勢を打ち出すこと。特に日本のビジネスシーンでは、余計なことを言ったり冗長な会話をしたりすることを嫌う傾向があり、その結果、伝わるべき情報が伝わらなかったり、言葉が足りなかったりしてさまざまな誤解が生じることがあります。「体や顔を相手に向けて、話を聞いていることを態度で示す。」「相手の話す内容に合わせた表情をする。」といった基本的な対応を意識しましょう。座る位置にも注意して、相手が話しやすい環境をつくっていくことが大切です。

　■座り位置の例

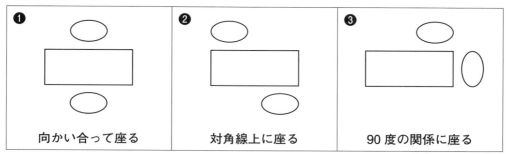

❶ 向かい合って座る	❷ 対角線上に座る	❸ 90 度の関係に座る
互いの顔がよく見える座り方。ただし、面と向き合うと言いたいことも言えなくなる人がいるので注意が必要。	よそよそしさを感じる座り方。両者の距離関係がハッキリしない状態がそのまま現れた座り方。	相手との親密度が増す座り方。距離が近くても、目線を逃がすことができるので心理的な圧迫感を感じない。

（2）うなずき、あいづち、繰り返しで話を促す

　「うなずき」や「あいづち」は、相手の話を促す上で効果的です。また、相手の言ったことを自分の言葉で繰り返すと、相手は自分の話を理解してくれたことを嬉しく感じ、より積極的に話をしてくれるようになります。日本のビジネスパーソンの中には、無口で自分から積極的に話したがらない人も少なくありません。そうした場合には、聞き手としての態度を工夫することで、相手から話を引き出していく必要があります。

　ただし、「うん、うん」とか、「ええ、ええ」といった具合に、同じうなずきやあいづちを繰り返すと、真剣に聞いているという印象が薄れてしまいます。また、うなずきやあいづちのタイミングが悪いと、馬鹿にされていると感じる話し手もいます。話の区切りを意識して、「そうなんですか」とか「なるほど」等といった言葉も交えながら、相手が気持ちよく話せる環境をつくっていきましょう。

2-7 依頼の断り方

(1) 断る、拒否することの意味を考える

他者から何らかの要請があったとき、あなたはどのような態度で臨みますか。

① 自分にできないこと、やりたくないことであれば明確に断る

② 自分にはできないし、やりたくないので断りたいが、なかなか断れない

日本のビジネスパーソンの場合、「②」を選択する人が多く、他者からの要請を断ったり、否定的な事柄を伝えることを躊躇するメンタリティをもっています。また、自分が断るときだけでなく、他者が断ったり、拒否するときの態度に注目する人も少なくありません。自分が頼みたいときには強引に主張し、頼まれたときには無下に断るような人に対しては、多くの場合、信頼度はかなり低いといえるでしょう。

日本のビジネスシーンでは、他者のために何ができるかを常に配慮することが重視されます。どうしても業務依頼を断らなければならない場合には、協同作業を行うチームのメンバーの一人として、適切な対応を心がける必要があります。

(2) 断り方のポイント

実際に断ったり、拒絶したりする必要がある場合は、次のように対応しましょう。

① 相手の話をよく聞いてから判断する
「断る」という結論は同じでも、きちんと話を聞くことで、相手の拒絶されたという気持ちを和らげることができます。
② 断わるという事実について謝罪する
断るための正当な理由があっても、「断る＝悪い対応」ととらえている人には通用しません。断った理由ではなく、断ったという行為について謝罪することで、申し訳なかったという思いを伝えましょう。
③ 言い訳はしない。相手のせいにしない
言い訳をすると、潔くない、などのマイナスイメージをもたれることが多いです。また、できない理由を相手のせいにするのは、責任を転嫁しているように受け取られるので注意が必要です。
④ はっきりと返答する
断らなければならないときは、言い方に配慮しながらも、意思がきちんと伝わるように注意しましょう。断ると信頼を損なうからと曖昧な返事をすると、かえって事態を悪化させます。
⑤ 要請に応えられない代わりにできることを提案する
相手の要請に応えられないときでも、他にできることがないか検討してみましょう。たとえば、他者から何らかの相談を受けたとき、時間的な制約からその要請に応えられない場合は、代替案を提示していくことが大切です。相談事に関連した資料があることを教えてあげたり、悩みに応えられそうな人を紹介する等、その人のためにできることを提案しましょう。

2-8 日本文化特有のコミュニケーション

（1）国や文化が違えば、コミュニケーションの形も変わる

　コミュニケーションの形は、国や地域によって異なります。挨拶という基本的な行動も、日本人のように頭を下げて相手への敬意を表す国民・民族もあれば、握手を求めたり、ハグを交わすような国民・民族も存在します。最近は、グローバル化の進展によって、さまざまな国や民族の習慣が混じり合うことも多く、以前のような違和感を感じることは少なくなっていますが、それでも、国や地域が異なれば、コミュニケーションのとり方も大きく異なることを理解しておく必要があります。

（2）日本ならではの特性を知ろう

　日本人のコミュニケーションの特性として、自己主張よりも他者との調和を重んじること、組織・チーム内の序列を重視すること、また、面子（体面）を重視する一方で潔さを大切にすること等が挙げられます。こうした日本文化特有のコミュニケーションスタイルは、他国から来た人々にとっては理解しづらく、日々のコミュニケーションを阻害する要因になることがあります。

　しかし、日本で仕事をする以上、そうしたコミュニケーションのとり方の違いを知ることが必要です。少なくとも、以下に挙げたような、日本人特有のコミュニケーションスタイルの背景にある考え方や価値観を理解し、日々のビジネス活動に活かしていきましょう。

■日本文化特有のコミュニケーション

① 相手を批判したり、否定するような話や言い方を避ける
日本人は、同属性が高く、常に他者との調和を考えて行動します。そのため、"これを言うと相手の気分を害するのではないか"と思われる事柄については直接的な表現を避ける傾向があります。また、相手にやってもらいたい事柄も指示や命令の表現より依頼の表現を使うことが多く、相手に察してもらうことで自らの要望を実現しようとします。

② 組織の秩序を重んじ、上下関係を意識する
日本企業の多くは、終身雇用、年功序列を基盤にしてきたこともあり、組織の秩序や上下関係に敏感です。また、身内（自分に近い存在の人物）よりも、外部・遠い存在の人への敬意を示すことが多いのも特徴です。そこで、ビジネスシーンでは、自分より目上の人や他社の人に対して尊敬語や謙譲語といった「敬語」が使われます。

③ 控えめな態度、礼儀正しさを重視する
日本では、選挙等の一部の例外を除けば、挨拶時に握手をする習慣もハグする習慣もあまりありません。基本的に、控えめな態度で礼儀を重んじるのが日本的コミュニケーションの特徴で、お辞儀や笑顔で対応する、といった特性が見られます。

④ 身内には甘いが、自分の失敗には潔さを尊ぶ
社内の問題や同僚のミス、トラブルについては、直接的な批判や糾弾を避ける傾向があります。また、その一方で、自分が失敗した場合には、言い訳や弁明をせずに潔く謝る傾向が強いのが特徴です。

3 効率的な仕事の進め方

ポイント

日本の企業で働く上で、どうすれば効率的に仕事を遂行できるかを考える。また、来客対応をはじめとした基本業務に対応する際の心構えと基本行動を理解する。

3-1 報告・連絡・相談

（1）日本と海外ではホウレンソウの位置づけが違う

日本のビジネス社会では、報告・連絡・相談（ホウレンソウ）の三つを、企業の中の血液と称しています。企業が進化・発展できるのは、チーム内でのホウレンソウが滞ることなく流れているからで、ホウレンソウが成立しない組織・チームの業績は悪化するとさえいわれています。

しかし、ホウレンソウの徹底は、必ずしも世界共通の行動原理として採用されているわけではありません。個人の能力・適性に応じて業務を振り分ける国や地域では、そのスキルをもつ人間に仕事を任せる以上、途中のホウレンソウは必要ないと考えます。もし、ホウレンソウを求めるケースがあるとすれば、業務の達成レベルが芳しくない、または、途中でホウレンソウがないと結果的に当初の目的が達成できないと判断されている場合などです。そのため、業務の遂行途上でホウレンソウを求められるのは自分の業務遂行能力が信頼されていないためだと受けとる外国人もいます。

こうしたホウレンソウについての位置づけの違いを理解していないと、日本の企業は、"外国人＝ホウレンソウができない"と認識し、外国人は、"日本企業＝社員を信頼しない企業"と認識するという両者のミスマッチが生じます。その結果、外国人を活用できない企業と、日本の企業になじめない外国人だけが増加することになります。大事なのは、ホウレンソウに対する日本と海外との認識の違いを理解することです。その上で、日本流のホウレンソウについて理解を深め、日本のビジネスシーンに合わせた対応を心がけていきましょう。

日本におけるホウレンソウの意味と用途を整理すると次のようになります。

報告	上司や先輩からの指示・命令に対して、結果や進捗状況を伝えるもの
連絡	組織や業務に関する情報、及び異常事態やトラブルをメンバーに伝えるもの
相談	障がいやトラブルが発生した際、上司や先輩などに助言・判断を仰ぐもの

（2）報告の仕方

報告は、その報告を受けた人が次の判断の材料とするために行います。そのため、次の点に注意していくことが大切です。

① 迅速な報告を心がける

報告はスピードが命です。特に、悪い事項ほど速やかに報告し、上司や先輩の判断を仰ぎます。

② 最初に結論、結果を伝える

　　報告を受ける人が知りたいのは結論・結果です。最初に要点を絞って結論・結果を伝え、その上で、それに至った経過や理由を話します。

③ 事実に基づいて報告する

　　報告内容は正確であることが大前提です。曖昧な表現は避けると同時に、事実と主観を明確に分けて伝えましょう。

④ 命令を受けた人に報告した時点で仕事は完了する

　　報告は命令を受けた人にするのが基本です。命令と報告は1セットであり、最後に報告をしてはじめて仕事が完了したことになります。

⑤ 途中での状況説明（中間報告）を怠らない

　　報告は業務が終了した段階だけでなく、要所要所で途中経過を報告します。また、状況が変化したりトラブルが発生したりしたときも、迅速に報告します。

（3）連絡の仕方

　　連絡は、チーム内の情報共有を図る上で重要な行動であり、情報の発信者としてだけでなく、受信者としての役割も意識する必要があります。

① 誰に連絡すべきなのかを把握する

　　連絡すべき人、部署に漏れなく連絡することが大原則です。

② 速やかに行う

　　情報は鮮度が問われます。他の仕事が忙しいからといって、連絡業務を後回しにすることなく、どんなに細かな情報も速やかに伝達する習慣をつけましょう。

③ 状況に応じた手段を講じる

　　連絡の仕方は、状況と内容によって異なります。関係者に一斉に伝える場合はEメールで、電話の伝言を伝える場合は口頭やメモ等で行います。また、相手が不在の場合は、電話やEメール、伝言、メモを活用し、必ず本人に伝わるようにします。

（4）相談の仕方

　　自分では判断できないとき、処理が難しいときは、速やかに上司や先輩に相談します。また相談する際には、上司や先輩に任せきりにせず、自分で考えることも大切です。

① 問題が発生している状況と困っている内容を明確に伝える

　　どのような状況で、何に困っているのかを明確に伝えることが相談の基本です。予測や憶測等を交えず、情報を整理しながら相談しましょう。

② 自分なりの考え方を述べる

　　どのように解決したいのか、自分なりの考えを伝え、その考えについてアドバイスしてもらうことが大切です。

③ アドバイスに従って行動し、結果を報告する

　　助言を受けたら、まずはその通りにやってみます。指示に従えない理由があれば、その場で伝えて話し合うことが大切です。また、実践したことは報告します。今後、同じような問題を発生させないための方策と併せて報告しましょう。

(3-2) PDCA

(1) PDCAは日本的ビジネスの基本スタイル

　　PDCAとは、継続的に改善を図るための管理手法（マネジメント・サイクル）で、「Plan（計画）」「Do（実行）」「Check（検証）」「Action（改善）」の頭文字をとってPDCAサイクルと呼ばれています。目標を達成するためには、まず何に取り組むのかを決定し（Plan）、計画に基づいて実行する（Do）ことが大切です。そして、実行した結果（途中計画を含む）を点検しながら（Check）、修正すべき点を適宜改善していく（Action）ことが、業務改善、成果を得るための王道といえるでしょう。

　　PDCAの概念は、もともとアメリカで生まれたものですが、今では、日本における基本的なビジネススタイルとして浸透し、多くの企業がPDCAサイクルを基盤とした「（業務）改善運動」や「QC活動（品質管理活動）」に取り組んでいます。

　　PDCAサイクルが重視されるのは、企業間競争が激しい今日のビジネス社会においては、「現状維持＝企業の衰退」を意味するからです。商品やサービスはもとより、日々の業務内容についても、継続的に改善を図っていくことが企業存続のための必須条件であり、日本の企業は、PDCAサイクルを回し続けることで、小さな改善を積み重ね、国際競争力を維持してきた実績があります。

(2) 検証し、改善することが重要

　　業務を改善できない人、業績が上がらない人を分析すると、目標設定が甘かったり、本質から逸脱した目標設定を行っている等の特性が見られます。また、計画は的を射たものだったとしても、実行が伴わない、実行しても三日坊主で終わってしまう等があります。その他、計画通りに実行はしているものの、やりっぱなしで検証する習慣がないために、同じ過ちを繰り返すケースもあります。業務レベルを向上・改善していくためには、計画倒れややりっ放しの弊害を打開する仕組みが必要であることがわかります。

　　PDCAサイクルは、こうした弊害を克服するための手法です。適切な計画立案と着実な業務遂行を求めるだけでなく、実行した結果、何ができて、何ができなかったのか、また、その原因は何なのかを検証し、改善策を講じることに特徴があります。

■ PDCA サイクルのポイント

Plan（計画）	Do（実行）
①企業・部署の目的とマッチした目標設定になっているか ②過大目標、過少目標になっていないか ③目標は具体的か、達成までの道筋（ステップ）は明確になっているか	①達成方法、達成手順、優先順位が明確になっているか ②何をどこまで達成すべきかの基準・指標はあるか ③継続して実行し続ける仕掛け、動機づけの用意はあるか

Action（改善）	Check（検証）
①何を改善するのかが明確になっているか ②改善を継続する仕組みをつくっているか	①本来の目的にさかのぼって評価・検証しているか ②目標とのギャップの原因を抽出、特定できるか ③事実に即して原因を分析しているか（特定の人の責任にしていないか）

3-3 仕事の優先順位

（1）指示・依頼された順に処理するのは誤り

　毎日、同じ業務を同じ量だけ、コツコツと処理していく職場であれば、自分の仕事内容は明確です。業務計画も容易に立案することができるでしょう。しかし、多くの職場では、業務内容も業務量も、さまざまな要因で変化します。また、複数の業務を同時進行で処理するケースもあるでしょうし、突発的なオーダーが入ったり、同僚が欠勤したりすることもあります。そんなとき、何を優先して業務を進めていけばいいのでしょうか。その判断を誤ると、さまざまなトラブルが発生し、職場全体に影響が及んでしまうこともあります。

■優先順位に関する誤り

① 納期をめぐる誤り

　最も多い誤りは、指示された順、依頼された順に業務を処理してしまうことです。確かに、前々から指示・依頼された業務であれば、業務もある程度進んでいるでしょうし、まずその業務を終わらせてから次の業務に取り組むというのは、極めて普通の考え方です。しかし、以前から手がけている業務よりも、納期が迫っている業務が舞い込んできた場合、急ぎの仕事を優先しなければ納期を守れません。納期を守ることは、顧客からの信頼を維持するための必須条件です。納期から逆算して、業務の優先順位をつけることが大切です。

② 重要度をめぐる誤り

　優先順位をめぐって次に多い誤りは、業務の重要度を配慮しなかったことによる誤りです。納期の指定がない複数の業務に携わっているとき、どの業務を優先して取り

組むかを判断するのは容易なことではありません。そんなときには、業務内容の重要度がどの程度かを基準に優先順位を決めます。具体的には、会社全体の意思決定にかかわるものが最優先です。明日に回しても問題ない業務は優先度が低いと考えられます。ただし、判断に迷う際には、必ず上司に相談する必要があります。

(2)「緊急度」×「重要度」のマトリクスを活用しよう

抱えている業務を「緊急度」×「重要度」のマトリクスで整理してみると、業務遂行における優先順位がつけやすくなります。具体的には、次の順番で優先順位を決め、業務に対応してください。

■業務の優先順位

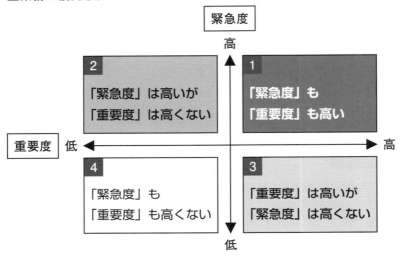

緊急度

2	1
「緊急度」は高いが「重要度」は高くない	「緊急度」も「重要度」も高い

重要度　低 ← → 高

4	3
「緊急度」も「重要度」も高くない	「重要度」は高いが「緊急度」は高くない

3-4 来客応対

(1) 挨拶とおもてなしの心が来客応対の基本

日本では、お客様を迎えるという行為は、特別な行為として受け止められています。大切なのは、きちんとした「挨拶」と、失礼のないようにおもてなしをする姿勢です。役職者に限らず、全社員が「会社の顔」として来客に接することが求められます。

① 挨拶

挨拶のポイントは、「あ・い・さ・つ」の頭文字で始まる4項目です。「あかるく、はっきりと」「いつでも、どこでも、誰とでも（分け隔てなく）」「さらりと、自然に」「ついでにひと言添えて」が基本です。まずは、来客応対時に使用される用語をマスターし、失礼のないお出迎えをしましょう。

■来客応対の7大用語

いらっしゃいませ	来客を迎えるとき、来客と廊下等ですれ違うときに使う
はい、かしこまりました 承知いたしました	来客や上位者等から指示や依頼を受けたとき（了解の意味）に使う
少々、お待ちください（ませ）	30秒でも相手を待たせるときは、先に伝える
お待たせいたしました	来客を待たせた際、用件に入る前に使う
ありがとうございます	感謝の言葉。日本では、多くの場合、現在形で使う
恐れ入ります（が）	質問や依頼をするときに使う
申し訳ございません	詫びるときに使う

【参考：TPOに応じた挨拶】

日本では、TPOに応じて、挨拶を使い分けます。下記の代表的な挨拶についても、状況に応じて使えるようにしておきましょう。

はじめまして	初対面の人に会ったとき
少々お尋ねいたしますが 少々よろしいでしょうか	人にものを尋ねるとき
よろしくお願いします （お願いいたします）	人にものを頼むとき
ありがとうございます	人に感謝するとき
どういたしまして	人からお礼やお詫びを言われたとき
お疲れさまです	人をねぎらうとき

② お辞儀

お辞儀は、相手に対する尊敬や謙遜、感謝や謝罪、受容や同意を表す日本人特有の動作です。日本では、挨拶とともにお辞儀をするのが一般的です。お辞儀は、角度によっていねいさの度合いが変わってくるので注意しましょう。

会　釈（15度）	朝夕の挨拶。廊下等ですれ違うときや入退室のとき
敬　礼（30度）	受付や見送りのとき。指示を受けて「かしこまりました。」と言うとき
最敬礼（45度）	気持ちを込めたお礼やお詫びを言うとき

（2）来客応対の基本ステップ

来客応対は、次のステップを踏んで行います。

ステップ１

挨　拶	①（来客が受付へ）姿勢をただし、笑顔で「いらっしゃいませ。」

ステップ２

会社名、氏名の確認	①（来客が名乗る）「△社の○○様でいらっしゃいますね。」と復唱。名刺をいただく場合は、会釈して両手で受け取る。 ②（名乗らない）「恐れ入りますが、どちら様でいらっしゃいますか。」とていねいに尋ね、伺ったら復唱する。 ③（確認後）「いつもお世話になっております。」と挨拶する。

ステップ３

アポイントメントの確認	①（担当者より受付に事前連絡あり）「××と△時にお約束でいらっしゃいますね。お待ちしておりました。ただいま連絡いたしますので、少々お待ちください。」 ※自社の人は呼び捨てとし、敬称の「さん」や役職名はつけない。 ②（担当者より受付に事前連絡なし）「失礼ではございますが、××とはお約束でいらっしゃいますか。」とアポイントメントの有無を確認する。 ③（アポイントメントあり）「失礼いたしました。ただいま連絡いたしますので、少々お待ちください。」と言って担当者に連絡する。 ④（アポイントメントなし）「申し訳ございませんが、ご用件をお聞かせいただけませんでしょうか。」と用件を確認。確認後、「〜の件でございますね。かしこまりました。」と復唱して担当者に連絡する。 ⑤（名指しされたとき）名指しされた人の在席の有無を明かさずに、「恐れ入りますが、どのようなご用件でしょうか。」と来訪の目的、内容を確認。確認後、内容を復唱した上で、「それでは、担当者に確認いたしますので、少々お待ちください。」と言って、用件に応じて、担当者や部・課長等の責任者に取り次ぐ。

ステップ４

取り次ぎ	①担当者にお客様の来訪を伝える。指定の場所へ案内するか、その場で待ってもらうかを確認し、対応する。 ②（担当者が来るとき）「××はすぐに参りますので、こちら（あちら）へおかけになってお待ちください。」 ③（すぐに来られないとき）その旨を伝え、ひと言お詫びする。

ステップ５

誘　導	①「○○までご案内いたします。」と声をかけ、応接室等へ誘導する。

※誘導時のポイント

廊　　下	①お客様に中央を歩いてもらう（自分は2～3歩前を歩く）。 ②お客様の歩く速さに合わせる。お客様の足元に注意する。
エレベーター	①乗り込む際は「開」ボタン等でドアを開け、お客様に先に乗ってもらう。 ②操作盤の前に立ち、行き先やドアの開閉等の操作を行う。 ③降りるときも、お客様に先に降りてもらう。
階　　段	①体を半身、お客様の方に向けながら、斜め前に立って誘導する。 ②お客様には階段の中央～手すり側を歩いてもらう。

3-5　電話応対

（1）相手に見られているつもりで応対する

　　日本のオフィスでは、電話応対なのに話し相手に頭を下げてお礼を言う等、相手を目の前に話しているような光景に出くわすことが少なくありません。お客様に対して、失礼のない対応を心がけるのが日本社会の特徴です。電話応対でも、相手に見られているつもりで対応するのが基本になります。見られていないからといって、頬杖をついたり、話と関係のないものを見ながら話すという対応は避けるべきです。

　　同時に、電話は「声」だけで情報を伝えるコミュニケーション手段です。電話というメディアの特性を踏まえた情報伝達が望まれます。

■電話応対の基本

① 明るく、はっきり、ゆっくりと

　「声」だけで相手に理解してもらうために、明るく、はっきり話しましょう。また、早口にならないように気をつけます。話し方には癖があるので、周囲の人に、自分の話し方の癖をチェックしてもらい、相手に伝わる話し方を心がけましょう。

② 受け答えは簡潔明瞭に

　電話応対は、手際のよさが大切です。返答に窮したり、要領を得ない受け答えをしてしまったら、会社の信用を落としかねません。質問されたら、的確に答えられるように、日頃から、会社や商品についての知識を整理しておくことが大切です。

　また、自分がわからないことを聞かれたときも、安易に「わかりません。」と言ってはいけません。自分がわからなくても、社内にはわかる人がいるかもしれません。「少々お待ちください。」と断った上で、代わりに対応してもらう人を探して取り次ぐか、調べて後で連絡する旨を伝えましょう。せっかくいただいた問い合わせに対して、「わからない」だけで済ますのは失礼です。また、ビジネスチャンスを広げるためにも、次のアクションにつなげていくことが大切です。

③ 聞き漏らしや聞き間違いに注意

　話し方も大切ですが、相手の話を聞くことも大切です。特に、聞き取りにくい声や話し方の場合、聞き漏らしや聞き間違いが発生しやすいので注意が必要です。具体的

には、次のような対応を心がけましょう。

　　a．わからないこと、聞き取れないことは聞き直す
　　　　例：「恐れ入りますが、もう一度お名前をお聞かせ願えますでしょうか。」
　　　　　　「恐れ入りますが、お電話が遠いようなので、もう一度お願いいたします。」
　　b．大事なことはメモをとり、要点や聞き間違えやすい項目は復唱して確認する
　　　　〔確認が必要な事項〕会社名、店名、個人名等の固有名詞／日時や場所等、以
　　　　　降の業務に不可欠な情報／電話番号やFAX番号、メールアドレス等の連絡
　　　　　先／数量や金額等の数値
　　c．必要に応じて復唱し、漢字等の表記も確認する

（2）電話応対の基本ステップ

① 電話を受けるとき

ステップ１

電話に出る	①３コール以内に出る。 　　４コール以上は、「お待たせいたしました。」とひと言添える。

ステップ２

名乗る	①「はい、株式会社○○でございます。」 ※「もしもし」とは言わない。「はい」と言って出る。

ステップ３

相手の確認	①「△△の□□様でいらっしゃいますね。いつもお世話になっております。」と相手の社名と名前を確認し、挨拶する。 ②（名乗らない場合）「恐れ入りますが、どちら様でいらっしゃいますか。」

ステップ４

用件の確認	①取り次ぐ相手や問い合わせ内容等、電話の用件を確認する。 ※メモをとりながら聞く。大事なことは復唱する。

ステップ５

取り次ぎ	①「○○課の××でございますね。かしこまりました。少々お待ちください。」と、名指し人（取り次ぐ相手）の氏名を復唱確認し、取り次ぐ。 ※自社の人は呼び捨てとし、敬称の「さん」や役職名はつけない。 ②（不在のとき）「誠に申し訳ございません。××はただ今外出いたしております。△時には戻る予定でございますが、いかがいたしましょうか。」 ③（電話中のとき）「申し訳ございません。××はただ今、他の電話に出ております。終わり次第、こちらからお電話を差し上げるようにいたしましょうか。」 【対処の仕方】あらためてこちらからかけ直す／伝言を伺う／すぐに出られそうな場合は、その旨を伝えてお待ちいただく

ステップ6	
電話を切る	①「失礼いたします。」「ありがとうございました。」等、終わりの挨拶とともに話を終える。 ②電話を受けた場合は、相手が切るのを待ってから受話器を置く。

② 電話をかけるとき

ステップ1	
準備をする	①相手の名前と電話番号を確認する。 ②話の要点をまとめる。話に必要な資料を用意する。

ステップ2	
電話をかける	①「○○社の××と申します。」と名乗る。 ②（相手が名乗らない場合）「△△社様でしょうか。」と確認する。

ステップ3	
挨拶する	①「いつもお世話になっております。」と挨拶する。 ※電話での一般的な挨拶の言葉なので、誰に対しても使える。 ※相手から先に言われたら、「こちらこそお世話になっております。」と返す。

ステップ4	
取り次ぎ	①「恐れ入りますが、○○課の××様をお願いいたします。」と、名指し人の所属、氏名を伝えて取り次ぎを依頼する。

ステップ5	
用件を伝える	①事前に準備しておいた資料等を確認しながら、用件を伝える。 ※話は簡潔・明瞭に、わかりやすく。

ステップ6	
大事な点は復唱する	①「確認させていただきます。〜ですね。」と、用件の大事な点は復唱して念入りに確認する。

ステップ7	
電話を切る	①「ありがとうございました。」「失礼いたします。」等、終わりの挨拶とともに話を終える。 ②電話をかけた方が先に切るのがマナー。失礼にならないよう、ゆっくりと静かに受話器を置く。

（1）訪問先への配慮と事前準備がポイント

　日本の家屋には敷居と呼ばれるものがあり、敷居をまたぐという行為には、自分とは異なる世界に思い切って入り込むという意味が込められています。また、「二度と敷居をまたがせない」という言葉は、「絶縁する」という意味で使われます。それだけ、他者のもとを訪れることは、かしこまった行為としてとらえられてきたといえます。

　今日のビジネス社会でも同様の感覚が残っており、初めての訪問は特別なものです。訪問にあたっては、資料等の準備や、身だしなみを整えることはもちろん、手土産を持っていくことも少なくありません。

　また、訪問する以上、成果なしに帰ることはできません。訪問が決まったら、期待する成果を得られるように、事前準備を入念に行うことが大切です。

　以下、アポイントメントの取り方から訪問、訪問後の対応まで見ていきましょう。

① アポイントメントの基本

　約束もしないで訪問するのは、相手にも失礼ですし、業務の効率を考えてもムダが多い行為です。実際、訪問したものの相手が不在であれば話が前に進みませんし、長時間待たされたりすれば時間のロスです。アポイントメントは、お互いが気持ちよくコミュニケーションをとるために事前に日程を調整する行為です。訪問することを決めたら、できるだけ早期にアポイントメントを取ります。

ステップ１	
訪問の目的を伝える	訪問目的を伝えて、訪問の意義を相手に理解してもらう。これにより、相手も事前に準備をできる。

ステップ２	
日時を調整する	基本的に相手の都合を優先して決める。候補日を二、三提示して調整するとよい。

ステップ３	
所要時間を設定する	所要時間のメドを確認する。用件にもよるが、基本的に先方の都合に合わせて設定する。

ステップ４	
場所を設定する	相手先を訪問する場合は問題ないが、そうでない場合は、打ち合わせ場所（あるいは待ち合わせ場所）を設定する。

ステップ５	
訪問人数を伝える	当日、訪問する人数を伝える。人数を伝えることで、相手も会場の大きさを調整する等の事前準備をできる。

【備考】アポイントメントは電話で取ることが少なくありません。日時や場所等、大事なところはメモに残しておきましょう。また、電話の後で、確認のＥメールやＦＡＸを送り、記録に残しておくことも大切です。

② 訪問前の準備

　アポイントメントが取れたら、次は訪問前の準備に移ります。訪問を有意義なものにするためにも、次の確認・準備が必要です。

■当日までに確認・準備しておくもの

資　料	当日必要な資料（レジュメ類）を作成し、参加人数＋予備分をコピーする。資料については、事前に同行者に目を通してもらう。
訪問先の地図と連絡先	インターネット等を使って訪問先の地図を入手する。電話番号も忘れずに確認し、携帯電話等に登録する。
交通手段と移動時間	約束の時間を守るのは最低限のマナー。訪問先までの交通手段と移動時間を確認しておく（移動時間は多少余裕を見ておく）。

③ 訪問時の対応

　第一印象で、相手に好感と信頼感を与えることが、今後の円滑なコミュニケーションにつながります。守るべきマナーを守り、真摯な態度で相手先を訪問しましょう。

■訪問時に守るべきこと

訪問前の確認、連絡	相手が忘れていたり、日時を誤って覚えているケースもあるので、訪問前日、または当日の朝に、アポイントメント通り訪問する旨を連絡する。
早めに出発	約束の時間は厳守。原則として5分前に到着するようにする。交通機関のダイヤが乱れることを想定し、余裕をもって出発する。
到着時の身だしなみ	到着したら、玄関に入る前に身だしなみを整える。第一印象は見た目が大事。髪や服装に乱れはないかを確認する。また、コートや帽子を着用している場合は、玄関に入る前に脱いで、手に持っておく。
受付時の対応	受付では、自分の社名と名前、訪問相手の部署と名前（肩書）、アポイントメントの有無を伝える。 「私、□□商事の○○と申します。本日、営業部の△△部長と2時のお約束で伺いました。お取り次ぎをお願いいたします。」
室内で待機	応接室等に通されたら、座って待つ。特に指示されなければ、下座に着席し、資料や名刺を用意。先方が来るまで静かに待つ。 ※日本では、扉から遠い奥の席を上座、扉から近い席を下座といいます。上位者が上座につきます。
自己紹介	先方が入室したら、立ち上がって挨拶。自己紹介、名刺交換を行う。
商談	あらかじめ伝えていたテーマについて商談を行う。

④ 訪問先からの辞去

　用件がすんだら、訪問させていただいたことへのお礼を述べるとともに、きちんと挨拶をして辞去します。また、受付にも「失礼いたしました。」と挨拶をします。
　　例）「本日はお時間を割いていただきありがとうございました。今後ともよろしくお願いいたします。」

3-7 名刺交換

（1）名刺は日本のビジネスパーソンの基本ツール

　名刺は、日本でビジネスを行う上で、なくてはならないものです。初対面の人同士で最初に行うのが名刺交換です。いただいた名刺は、社内のデータベースに組み込まれて、「人脈」という貴重な資産として蓄積されます。

　また、名刺は、日本のビジネス慣行を色濃く反映するツールでもあります。名刺をどちらから差し出すべきかなど、相手との立場の違いによって、細かいマナーが問われます。こうした日本式ビジネス習慣に慣れていない人にとっては、複雑に感じられるでしょうが、原則をマスターすれば自然と対応できるようになるでしょう。

① 名刺の渡し方
　a．訪問した際、目下の人から渡す
　b．相手が読める向きで差し出す
　c．胸の高さで両手で差し出す
　d．会社名、氏名を名乗りながら渡す
　e．会釈をしながら、「よろしくお願いいたします。」と挨拶する

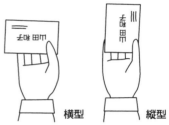

◆名刺のもち方◆
横型　　縦型
名前や会社名を指でかくさないようにして、親指で押さえてもちます。

② 名刺の受け取り方
　a．両手でていねいに受け取る
　　※名刺入れを活用した同時交換もよく行われる。
　b．読み方がわからない場合は、その場で聞く
　c．会釈をしながら「頂戴いたします。」とひと言添える
　d．もらった名刺はすぐにはしまわず、机の上に出しておく
　　※受け取った名刺のうち、役職が上の人の名刺は名刺入れの上に置く。

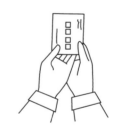

◆名刺を受ける◆
名刺を受ける時は左手に右手を添えるようにします。

③ 同伴者の紹介と名刺の受け渡し
　a．次の原則に従って、メンバーを紹介する
　　（i）目下の人を目上の人に紹介する
　　（ii）身内（社内の人）を社外の人に紹介する
　　（iii）友人同士では、親しい人から紹介する
　b．目上の人、取引先等に自社の人間を紹介するときは、社内の同伴者のうち、上位者から紹介する（名刺交換が終わったら、次のメンバーを紹介する）

名刺を受けたら胸のあたりにもちます。

　※時間が限られているとき、同伴者が多い場合は、一通り紹介した後、双方の会社の役職の上位の人から名刺交換を行う。

（2）自己紹介をするときのポイント

　日本のビジネス慣行では、名刺交換をしながら、あるいは一通りの名刺交換を終えた後で自己紹介を行い、今後の人間関係の土台をつくっていくのが一般的です。日本のビジネスシーンでは、初めての訪問時を除くと、なかなか自己紹介をする機会はもてません。最初の自己紹介のときに、積極的に自己アピールしましょう。

　具体的には、次のような点に留意して自己紹介を行うと、訴求効果も高く、相手に好印象を与えることができます。

①「挨拶」からスタートする

　自己紹介の場だからといって、すぐに自己アピールを始めてしまうと、礼儀を知らない人だと思われてしまいます。自己紹介といえども、スタートは挨拶から始めます。「はじめまして。」「おはようございます。」等、TPO に合わせて、明るく大きな声で挨拶するのが基本です。

②「フルネーム」で名乗る

　日本では自分の名前はフルネームで名乗るのが原則です。ただし、ミドルネーム等がある長い名前や、日本人が発音しづらい名前の場合は、相手に呼んでほしい部分のみを名乗るのもよいでしょう。そのほうが相手に早く名前を覚えてもらえます。

③　自分からアピールしたい事柄を話す

　自己紹介は、自分自身をアピールする場であり、相手との共通項をみつけて人間関係の礎（ベース）を築く場です。自分の特技や、性格、出身地（出身校）、趣味、専門分野、今熱中していること、将来のビジョン等を、その場に合わせて盛り込みましょう。

　ビジネスの場である以上、あまりくだけすぎた話題は問題がありますが、趣味や特技といった個人的な話題が、相手との良好な人間関係の構築に役立つこともあります。また、出身地や出身校等の話題も、相手が同じ地域への留学や出張経験がある場合、親近感を増します。

　なお、今は情報社会であり、訪問先企業のホームページに訪問先の担当者や上司についての情報が掲載されていることもあります。あらかじめそうした情報をチェックして、自分と共通する部分があったら、話題に出してみるのも効果的です。

④　話す項目は絞る

　自分を印象づけようとするあまり、あれもこれも話そうとするのは避けましょう。話題が広がりすぎて時間をオーバーするようなことがあれば、何のために訪問したのかわからなくなります。また、日本では「おしゃべりな人＝軽率で信頼できない人」といった印象をもたれかねないので注意が必要です。

⑤「挨拶」でしめくくる

　人間関係は礼で始まり、礼で終わるものです。礼とは、謝意を挨拶の言葉とお辞儀で伝えることです。用件がすんだら、「ありがとうございました。」とお礼を述べ、「今後ともよろしくお願いいたします。」としめることが大切です。

3-8 Eメール

（1）Eメールには長所も短所もある

　Eメールは、現在、ビジネス社会における情報伝達の主役の座を占めています。

　しかし、従来のメディアにはない優れた特性があると同時に、Eメールではカバーしきれない情報が存在するのも事実です。Eメールの長所・短所を理解し、より効果的に活用していきましょう。

■Eメール活用のポイント

① 時間、場所等の連絡
会議等の情報を関係者に一斉に伝える際は、Eメールが便利です。会話や電話等では聞き漏らしや聞き間違いもありますが、Eメールならば正確に情報が伝わります。

② 情報の共有を図る
関係者で情報や認識の共有を図るためには、関係者が一堂に会して、資料の読み込みや質疑応答をして理解を深めることが基本です。しかし、全員が集まる時間がない、あるいは会議時間の短縮のために事前に資料を配布したいときはEメールが便利です。Eメールは、活字データだけでなく、音声や画像データも送受信できるため、より多くの情報を共有できます。

③ 緊急時の連絡には不適切
アポイントメントに遅れそうになったとき、相手にEメールを送って状況を伝えようとする人がいますが、Eメールは、緊急時の連絡には不向きです。そもそもEメールは、相手が都合のいいときに読んでもらうことを前提にしています。Eメールを送ったのだからすぐに相手も見てくれるだろうという考えは思い込みにすぎません。遅刻の連絡は電話が一番です。電話をして相手が不在であれば、電話に出た人に用件を伝え、さらに補助手段としてEメールで遅れる旨を伝えるとよいでしょう。

④ コミュニケーションの基本は対面型
本来、フェイス・トゥー・フェイスでコミュニケーションをとるべき事柄をEメールですます人がいます。しかし、Eメールは対面型のコミュニケーションができない際の代替手段です。ビジネス・コミュニケーションは、対面で行うことを基本にすべきです。また、お礼やお詫びといった、気持ちをきちんと伝えなければならないときも、Eメールは不適切です。ビジネスマナーを重視する日本では、直接先方に出向いてお詫びをしたり、手紙（礼状）で感謝の意を伝えることが大切です。

（2）Eメール送信時の留意点

① 件名

　件名を見れば用件が伝わるように、具体的かつ簡潔に書きます。

　例）×　打ち合わせの件　　　○　７月３日に打ち合わせ日決定

② Eメール本文

a．最初は宛名（受信者名）から

　ていねいさを表したいときは、社名、部署名、役職、フルネームの順で、適度に

改行して書きます。

　例）ABC 商事株式会社 営業部

　　部長　山田　京子　様

b．挨拶

　「いつもお世話になっております。」等、簡単に挨拶をします。また、アドレスだけでは発信者がわかりづらい場合は、「アイウエ食品の鈴木です。」のように、自分の社名と名前も書きます。

c．用件優先で簡潔明瞭に

　相手がすぐにわかるように、用件や重要事項は最初に、簡潔明瞭に書きます。

d．画面は見やすく読みやすく

　1 行の文字数は 30 字以内が適当です。また、できれば一画面（20 行程度）におさめることが望ましいです。

③ 署名

　Eメール文の最後に、所属（会社名、部署名等）・名前（フルネーム）・住所・電話番号・Eメールアドレス等の入った署名を入れます。だれが出したEメールかを明確にするためです。ビジネスでEメールを送る際には、署名を入れるのが基本です。

④ 添付ファイル

　容量の大きいファイルを添付する場合は、事前に相手に知らせ、許可を得てから送りましょう。

⑤ Cc メールと Bcc メール

a．Cc メール

　田中さん宛のEメールを、情報共有のために山田課長にも一緒に送りたいときには、次のようにします。

　　宛先：田中さんのEメールアドレスを入力

　　Cc 　：山田課長のEメールアドレスを入力

　この場合、田中さんも山田課長も、二人宛にEメールが送られていることがわかります。

b．Bcc メール

　田中さん宛のEメールを、田中さんには知られずに、山田課長にも送りたいときには、次のようにします。

　　宛先：田中さんのEメールアドレスを入力

　　Bcc：山田課長のEメールアドレスを入力

　この場合、山田課長は田中さん宛のEメールが自分にも Bcc メールとして来ていることがわかりますが、田中さんには、山田課長宛にもこのEメールが送られていることはわかりません。

② Part 2. 事例編

1 来客応対

「Part 1. 基礎知識編」の「3. 効率的な仕事の進め方」の「3-4 来客応対」をご参照ください。

2 電話応対

「Part 1. 基礎知識編」の「3. 効率的な仕事の進め方」の「3-5 電話応対」をご参照ください。

3 報告・連絡・相談

「Part 1. 基礎知識編」の「3. 効率的な仕事の進め方」の「3-1 報告・連絡・相談」をご参照ください。

4 他社訪問

「Part 1. 基礎知識編」の「3. 効率的な仕事の進め方」の「3-6 アポイントメント」をご参照ください。

5 接遇・接客

(1) お客様の立場に立って考えることが基本

日本における接遇・接客の基本は、「おもてなし」の一語に集約されます。常に、お客様の立場に立ち、お客様のために何ができるかを考えて行動することが原則です。また、自分を一段低く置いてお客様を立てる謙虚な姿勢、お客様に失礼にならない礼儀・マナーを心がけることも大切です。

(2) 接遇・接客の基本マナー

接遇・接客に限ることではありませんが、お客様と接するときには、身だしなみや表情、立ち居振る舞いに注意してください。

① 身だしなみ

身だしなみは、おしゃれとは違います。自分をアピールするのではなく、お客様に好印象をもってもらうことが基本です。清潔感を第一に考え、TPO に合わせた服装や髪形にします。

■職場での身だしなみチェック

頭　髪	男性	a．ビジネスにふさわしい髪形か b．寝癖やふけ等はないか
	女性	a．髪形、カラー、ヘアアクセサリーはビジネスにマッチしているか
顔	男性	a．洗顔、ひげ剃りはきちんとしているか b．歯は磨いたか
	女性	a．自然で、健康的な化粧をしているか（濃すぎたり、崩れはないか）
服　装	男性	a．スーツ、シャツはプレスされているか、汚れはないか b．ネクタイの乱れはないか c．ポケットに物を詰め込みすぎていないか d．職場にふさわしい服装か
	女性	a．職場にふさわしい服装か b．ストッキングに伝線はないか c．アクセサリーをつけすぎていないか
持ち物		a．かばんはビジネスにふさわしいか、型崩れや汚れはないか b．名刺は不足していないか、きちんと名刺入れに入れてあるか c．筆記用具、メモ、ハンカチ、ティッシュペーパー、携帯電話、手帳を持ったか

② 表情・立ち居振る舞いの基本マナー

　　接遇・接客の基本は笑顔です。笑顔できちんとお客様に挨拶をし、お客様からも笑顔を返していただけるようになれば、コミュニケーションの第一歩を踏み出せたといえます。その他の立ち居振る舞いの基本マナーとして、次のような点に注意します。

■立ち居振る舞いのポイント

a．姿勢よく、きびきびした態度が基本（壁により掛かったり、腕組み、後ろ手にしない）
b．慌てず落ち着いて対応する。商品や提案物等はていねいに扱う
c．お客様に対応している間は、できるだけお客様に自分の後ろ姿を見せない
d．お客様の前は横切らない。やむをえず横切る際は、「すみません。」とひと言添え、会釈をする
e．お客様をじろじろ見たり、ニヤニヤ笑う等、不快感を与える動作をしない
f．私語、雑談はしない。スタッフ間の名前の呼び捨てや、「△△ちゃん」といった「ちゃん」づけの呼び方、またあだ名での呼び方は不適切

（3）お客様とのコミュニケーションの基本

　　接遇・接客を成功させるには、「お客様の立場に立って、本当に望んでいることを理解する」という姿勢で臨むことが大切です。また、お客様と話をするときは、専門用語や業界用語を使わない等、言葉遣いや話し方についても注意を払いましょう。

① お客様の話を聞くときのポイント

a．お客様の話は、途中でさえぎらず、あいづちを打ちながら、熱心に聴く
b．お客様の言葉を繰り返して共感する気持ちを示す
c．提案するときは、一方的に商品の説明をしたり、自分ばかりしゃべったりすることを避け、お客様の意向を受け止めた上で行う

② お客様と話をするときのポイント

a．専門用語、業界用語は使わない
b．お客様の質問や要望には、否定文で答えない
　　否定文で答えるとお客様そのものを拒否している印象を与える。要望に添えないときは、要望に添えないことを謝罪した上で、現時点で可能な対応策を説明して納得を得る。
　　例）お客様「○○という商品を見たいんだけど。」
　　　　従業員 ×「今は、在庫がありません。」
　　　　　　　　○「大変申し訳ございません。そちらの商品は、非常に人気がございまして、ただいま在庫を切らしております。○○日の○時頃に入荷する予定となっておりますが…。」
c．命令口調は避け、お願い・お伺いの姿勢で接する
　　例）×「ここに、住所・氏名・連絡先を書いてください。」
　　　　○「恐れ入りますが、差し支えない範囲で結構ですので、こちらに、ご住所・お名前・ご連絡先をご記入いただけますか。」
d．接遇・接客の結果、商談が成立したときは感謝の気持ちを伝える
　　・購入や契約が決まったとき　　　　・会計時、代金を受け取ったとき
　　・会計後、包装して商品を渡すとき　・お客様を見送るとき　等

③ 商談・交渉のポイント

a．相手を説得するのではなく、提案を受け入れてもらい、商談・交渉をまとめることが目的と心得る
b．事前の調査やヒアリングによって、相手のニーズを探り出す
c．相手にとってのメリットを示す。相手の話には共感を示し、聞き上手になる

〔備考〕間違えやすい接遇・接客用語

○　かしこまりました。承知いたしました	×　わかりました
○　こちらが、△△でございます	×　これが、△△です
○　△△でよろしいですか	×　△△でよろしかったでしょうか
○　申し訳ございません	×　すみません。ごめんなさい
○　存じております	×　知っています
○　弊社・私ども	×　うちの会社・店
○　こちらにおかけください	×　ここに座ってください

6 クレーム対応

（1）クレームはビジネスチャンス

　　クレームはできれば避けて通りたいものであり、クレームを受けたらできるだけ早く終わってほしいと考えるのが一般的ではないでしょうか。しかし、クレームは商品やサービスに不満があるからこそ発生するものです。クレームを言ってくださるお客様は、商品やサービスを改善するチャンスを与えてくれる存在でもあります。

　　したがってクレーム対応にあたっては、"クレーム＝ビジネスチャンス"としてとらえ、お客様の立場に立った真摯な対応が求められます。

（2）クレーム対応の基本ステップ

　　クレーム対応の基本は、お客様の不満を受け止め、それ以上、怒りを拡大させることなく速やかに不満を解消することです。具体的には次のステップで対応します。

ステップ1

お客様の言い分を聞き、お客様の立場で気持ちを受け止める

　　クレーム対応の最初のステップはお客様の気持ちを受け止めることです。途中で反論したりせず最後まで相手の言い分を聞きましょう。謝罪を繰り返したり、いきなり賠償額を提示したりしてお客様の気持ちを逆なでするのではなく、お客様が何に困っているのか、どうして欲しいのかをきちんと把握することが大切です。

ステップ2

迷惑をおかけしたことを謝罪する

　　クレームは、お客様の言い分がいつでもすべて正しいわけではありません。その意味で、「ひたすら頭を下げて低姿勢を示し、お客様の怒りが収まるのを待つ」といった極端な態度は必要ありません。だからといって、「賠償問題になると困るので、こちらに非があるとわかるまで謝らない」という態度では困ります。クレームの責任がどちらにあるかは別にして、お客様に迷惑をおかけしたことは事実です。わざわざクレームを伝えにきてくださったことに対しては、きちんとお詫びの気持ちを示すことが大切です。落ち度は素直に認め、言い訳せずに誠意をもって謝罪しましょう。

〔謝罪の言葉〕
① **責任の所在がわからない場合**
　「ご迷惑をおかけして申し訳ございません。」
　「気がつかず、申し訳ございません。」
　「ご不快な思いをさせてしまい、申し訳ございません。」
② **こちらに責任がある場合**
　「大変申し訳ございませんでした。すぐにお取り替えいたしますが、よろしいでしょうか。」
　「本当に申し訳ございませんでした。責任をもって対応いたします。」

迅速に、かつ誠意をもって対応する

　クレーム内容を把握したら、社内・店舗のクレーム対応の規則に従って迅速に対応します。対処が遅れれば遅れるほど、お客様の不満やクレームは拡大します。マニュアル通りの心のこもっていない対応や、いやいや行う対応はお客様の怒りを増幅させることを認識しましょう。

〔フォローの言葉〕

「ありがとうございました。今後は…。」

「また何かお気づきの点がございましたら、ぜひお聞かせください。」

（3）クレーム対応前にすべきこと

　クレームの原因の多くは、担当者の知識不足によるものです。また、クレーム対応に関するルールや規定を知らないために問題が拡大することもありますので、十分な注意が必要です。

■クレーム対応時に必要な知識

① 商品に関する知識	
使用目的・使用方法／耐久年数／使用上の注意点／素材／手入れ方法／在庫数／入荷状況／販売状況等	
② 業務遂行上の知識	
営業時間／流通システム／販売方法／返品・交換の方法／アフターサービスの有無等	
③ 会社に関する知識	
代表者名／所在地／資本金／従業員数／年商／沿革／理念等 ※一社員であっても、お客様から見れば会社の代表であることを認識する	
④ 社会人としての知識	
社会としてのマナー全般、基本的なヒューマンスキル	
⑤ クレーム対応についての知識	
対応方法	クレーム対応窓口の有無、ない場合は誰がどう対応するか
返品・交換	受付は購入後何日間か、商品の状態がどこまでなら対応するか、返金はできるか
アフターサービス	保証期間、保証内容、修理等の引き受け窓口
補償	商品や店内で事故が発生した場合、どのような対応が可能か

（4）クレーム対応時に言ってはいけない言葉、とってはいけない態度

　クレーム対応は、お客様の気持ちを静め、問題解決に向かうために行う行為です。ちょっとした言動が、逆にお客様の気持ちを逆なですることもあります。次の言動に注意しましょう。

① お客様の言い分を疑う、否定する言葉は不適切
×「今まで不良品は出たことがありませんから。」
×「え、そんなはずはありません。」
×「本当にここで買ったんですか。レシートを見せてください。」
×「お客様の扱いが悪かったのではありませんか。」
×「取扱説明書にちゃんと書いてあります。」

② お客様に不快を与える態度をとるのも不適切
× 返品・交換の申し出に対して、嫌そうな顔をする
× 頭を下げずに口先だけで謝罪する。お帰りの際に挨拶をしないで無視する
×「一応調べてみますが。」「とりあえず担当に聞いてみます。」等、嫌そうな態度をとる
×「当店の決まりで、そうした対応はできません。」等、すぐに拒絶の言葉を切り出し、お客様の言い分を聞こうとしない

（5）クレームが手に負えない場合

　　知識・経験不足で自分の力では手に負えない場合、お客様の怒りが収まらない場合、クレーマーや恐喝の恐れがあるとき等は、上司に対応を代わってもらいましょう。

7 　会議・打ち合わせ

（1）情報と人間関係の密度を高めることが目的

　　日本のビジネスシーンの特徴の一つとして、会議や打ち合わせの多さが挙げられます。何か事ある度に担当者同士、または関係者を集めてミーティングを行うケースが多いのが日本のビジネスの特性です。また、中には、結論が出ないまま、何度も繰り返し会議が行われることもあります。そのため、会議は時間の無駄だととらえる人も少なくありません。しかし会議は、何かを決めるためだけに行うものではありません。メンバーの認識の違いや情報ギャップを埋めるために繰り返しミーティングを行う場合もありますし、チーム内の人間関係を強固にするために行うこともあります。特に、日本の場合、トップダウン型よりもボトムアップ型で物事を決めることが多く、人によってはまわりくどく見える方法で合意形成を図る傾向にあります。しかし、ボトムアップ型で物事を決めるからこそ、情報・認識の共有度合いは高く、一度決めたことは全員が一丸となって達成しようとする行動特性が生まれているといえます。

　　大切なのは、こうした日本のビジネス慣行のメリットを活かしつつ、会議そのものは、効率的に実施できるように工夫を凝らすことです。日本的な特性を含めて会議の本質をよく理解するとともに、会議や打ち合わせの運営ノウハウを習得することが必要です。

（2）会議・打ち合わせを効率よく行うために

　　会議を効率的に行うためには、まず会議の目的を明確にすることが重要です。なぜならば、会議の目的が明確でなければ、会議を進行する人も、会議に参加する人も、どこに向かって議論を進めればよいか、わからなくなるからです。

　　同時に、会議当日のフレーム（時間や議事進行）を明確にするとともに、会議を迎えるまでの事前準備をきちんと行うことが重要です。

① 会議の種類

情報伝達会議	会社・部署の方針や方向性を伝達するための会議 ・方針や方向性を理解してもらうことが目的なので、事前に資料を配付して読み込んでもらったり、会議資料をわかりやすくしたり、質疑応答時間を多くとったりする。
意思決定会議	何かを決定する、問題を解決するための会議 ・「決定」することが目的なので、最後は多数決になっても結論を出すことがポイント。
企画会議	メンバーの知恵やアイデアを募るための会議 ・自由にアイデアを出してもらえるように、一人ひとりの発言機会を増やしたり、発言しやすい環境を整えたりする。事前にテーマを出し、企画を考えてきてもらうことも大切。

② 会議フレームの明確化

時間の確定	会議の開始時刻と終了時刻を定める。定めた時間は厳守する。
メンバーの確定	参加者を明確にすることで、会議の位置づけも明確になる。
役割の確定	進行する人、記録する人を決めておく。
その他	事前に関連資料を配付する。議事録は速やかに参加者に配信する。

(3) 会議、打ち合わせの進行者、参加者に求められるもの

　　会議や打ち合わせの目的、フレームを明確にしても、会議を進行する人、参加する人の姿勢や対応が変わらなければ、効率化や充実化は図れません。下記の点に留意して、会議や打ち合わせが有意義なものになるように心がけましょう。

① 進行担当者に求められるもの

　ａ．会議のゴールを設定する

　　(i) 会議の目的、議事の着地点をあらかじめイメージしておく

　　(ii) 設定された会議時間内の時間配分を決めておく

　ｂ．発言を促し、スムーズに議事を進行する

　　(i) 参加者が発言しやすい雰囲気をつくる（いきなり議題に入らず場を和ます）

　　(ii) 議題をあらためて明示するとともに議事の流れを伝えておく

　　(iii) 必要に応じて、参加者が意見をまとめる時間を提供する（5分程度でも可）

　　(iv) 発言がない人に対しては、進行者から指名する

　　(v) 感情的な発言、人を批判・否定するような発言をいさめる

　ｃ．議論を収拾し、結論を得る

　　(i) あらかじめ出そうな意見を予測しておく

　　(ii) ホワイトボード等を活用して、意見をグルーピングし、全体像を明示する

　　(iii) 各意見の関係性を整理しながら、問題の核心を浮き彫りにしていく

　　(iv) 全員が納得できる結論を目指しつつ、少数意見を尊重する

　　(v) 最終的には多数の意見を集約し結論を得る

② 参加者に求められるもの
- a．会議の目的を理解し、事前に資料を読み込んで参加する
- b．議題にそって意見を述べる。進行を妨げるような発言はしない
- c．他者の意見を頭ごなしに否定しないで、否定の代わりに質問や提案を行う
- d．「できない」理由を探すような発言はせず、「どうすればできる」かといった前向きな発想で意見を述べる
- e．自分の意見が通らなかった場合でも、討議の結果得られた結論には従う

（4）会議で発言が出ない理由を考えよう

　進行者が発言を促しても、また、参加者の意欲が高くても、思ったように意見が出ないことがあります。まず意見が出ない理由を知り、少しでもその要因をなくすようにしていくことが大切です。

〔意見が出ない理由〕
- ① 考えがまとまらない。適切な表現、伝達能力がない
- ② 意見というものを難しく考えすぎて、いい意見をもっているのに気づいていない
- ③ 他者の意見が素晴らしく思えて、ついひるんでしまう
- ④ 議題やテーマについて考えようとしていない
- ⑤ 性格的な問題から、または会社の風土や会議の雰囲気上、意見が言えなくなっている

8 面接

（1）仕事は評価・面接の連続

　面接というと、入学試験、入社試験を連想しますが、社会人になっても面接されるケースは少なくありません。たとえば、日本の企業では人事評価を行う際に、社員との面接（面談）の場を設けることが多く、面接結果がその後の処遇に反映される傾向にあります。面接を単に「質問に答える場」ではなく、自分自身を積極的にアピールする場として位置づけていくことが大切です。

　ただし、面接官は、あなたの能力や実績だけを評価するのではなく、面接中の応対の仕方や態度を見て、人間性やコミュニケーション能力も評価しています。そのため、高い業績をあげていながら、言葉遣いやマナーに問題があるために低い評価になってしまうケースも少なくありません。面接時のコミュニケーションにも十分留意する必要があります。

（2）面接時の心構えとマナー

　面接で質問される項目は、おおよそ決まっています。また、評価面談であれば、評価シートをはじめとした関連資料の作成を求められることが一般的です。つまり、面接は、事前に対策を講じることが可能です。想定問答集を作る等して、事前準備を万全にすることが基本になります。

　また、面接の場合も、他者に対して尊敬の念をもって誠実に接することが基本です。面接官も仕事の時間や労力を割いて面接に臨んでいるのですから、誠意と熱意をもって臨みましょう。具体的には次のような点に注意することが大切です。

① 面接のマナー
　ａ．事前準備
　（ⅰ）前日までに必要な資料、道具をチェックする。
　（ⅱ）社外で面接が行われる場合は、道順や交通手段を調べ、当日は余裕をもって会場に着くようにする（最低10分前）。
　　　　※面接の時間に間に合わないときは、わかった時点で連絡し、どういう理由で、どの程度遅れるのかを伝える。
　（ⅲ）到着したら、携帯電話は電源を切るかマナーモードにしておく。
　ｂ．挨拶、言葉遣い
　（ⅰ）きちんとした挨拶が基本。面接官が社内の人であっても、面接時は真摯に対応する。
　（ⅱ）また、社外で面接を受けるときは、担当面接官以外の人にもきちんと挨拶をする。
　（ⅲ）面接時の言葉遣いにも注意する。
　　　　例）自分のことは「わたくし」と言う。
　　　　　　相手のことは「○○様」もしくは「○○さん」と敬称をつけて呼ぶ。
　　　　　　お礼を言うときは、「ありがとうございます。」「恐れ入ります。」と言う。
　　　　　　※「すみません。」は基本的には謝罪の言葉なので、使いすぎないように注意する。
　ｃ．身だしなみ
　（ⅰ）服装、髪の毛、化粧の乱れ、ネクタイの曲がりや肩のフケ、ストッキングの伝線等、「接遇・接客」時と同様の身だしなみを心がける。
　ｄ．入退室のマナー
　　　面接が行われる部屋への入退室は、社会人としてのマナーをチェックされる場です。気を引きしめて臨みましょう。
　〔入室時〕
　（ⅰ）ドアを3回ノックし、「どうぞ。」の声があったら、「失礼します。」と挨拶をして入室。入室したら、まっすぐ前を見て会釈してから席へ進む。
　（ⅱ）席の横に立ち、「○○と申します。本日はよろしくお願いします。」と挨拶をしてお辞儀。「お座りください。」と促されてから着席する。いすには深く腰掛け、背筋を伸ばし、まっすぐ正面を見て、手は膝の上に置く。
　〔退室時〕
　（ⅰ）面接後は椅子の横に立ち、「本日はありがとうございました。」と挨拶をしてお辞儀。ドアの前まで進んだら向き直り、再度軽く会釈する。
　（ⅱ）ドアを静かに開けて退室する。ドアは後ろ手で閉めない。

（3）面接時のポイント

　　面接のポイントは、明るくはっきりとした受け応えをすることです。特に第一声を大きな声で元気よく話すことができれば、気持ちもリラックスします。また、答えは簡潔・明瞭に述べます。答えられない質問でも焦らず、わからないことは「申し訳ございません。勉強不足です。」と率直に語った方が心証が良くなります。
　　なお、面接でアピールするポイントは面接の目的によって異なりますが、採用時の面

接であれば、次のような事柄がアピールポイントとして挙げられます。

〔採用時のアピールポイント〕
① **自分の能力**：自分は何ができるか。それによって会社にどう貢献したいのか。
② **志望の理由**：どんなところに関心をもち、何がしたいのか。これらを語ることで、企業研究の成果を示すとともに、自らのビジョンを伝える。

（4）面接の形式

面接には、さまざまな形式があります。面接で成果をあげるためには、それぞれの面接の特徴を知り、事前準備をして臨むことが大切です。

① 個人面接

面接の最も基本的な形で、1対1で行われる面接です。面接官と1対1で話すことができるため、自己アピールしやすいという特徴があります。ただし、個人の人柄もじっくりと見られるため、質問に対する回答だけでなく、面接時のマナーや話し方等も重要になります。

② 集団面接

集団で行われるため、他の被面接者と比較されやすくなりますが、面接を受ける側の意識としては、あくまでも1対1の面接だと思って対応した方がよいでしょう。ただし、自分だけが時間をとって話したり、一人だけ目立とうとしたりする態度はマイナス評価につながります。

③ グループディスカッション

集団面接の一形態ですが、討論を通して被面接者の考え方や行動特性を判断しようとするものです。積極的かつ論理的な発言、また他者の意見をきちんと聞いた上で対応する等の姿勢が重視されます。

模擬問題

実践日本語コミュニケーション検定
（Practical Japanese Communication Exam）

模擬問題
（試験時間　80分）

注　意
Notes

1. 試験が始まるまで、この問題冊子を開けないでください。

   Do not open this question booklet until the test begins.

2. この問題冊子を持って帰ることはできません。

   Do not take this question booklet with you after the test.

3. 会場名、受験番号、名前を下の欄に書いてください。

   Write your site name, examinee registration number and name in each box below.

4. 問題には解答番号の　1　、　2　、　3　…が付いています。

   解答は、解答用紙にある同じ番号のところにマークしてください。

   One of the row numbers　1　、　2　、　3　… is given for each question. Mark your answer in the same row of the answer sheet.

5. この問題冊子にメモをとってもかまいません。

   You may make notes in this question booklet.

会 場 名　Site Name	
受験番号　Examinee Registration Number	
名　前　Name	

サーティファイ
コミュニケーション能力認定委員会
Certify Communication Proficiency Skills Qualification Committee

1. 社会人としての心構え（しゃかいじん）（こころがまえ）

問題1（もんだい）．日本（にほん）では、時間厳守（じかんげんしゅ）が大切（たいせつ）だとよくいわれますが、その考（かんが）え方（かた）として、最（もっと）も適切（てきせつ）なものを選（えら）びなさい。

1

1　会社（かいしゃ）の始業（しぎょう）時刻（じこく）が朝（あさ）9時（じ）00分（ふん）の場合（ばあい）、8時（じ）59分（ふん）までに会社（かいしゃ）に着（つ）けばよい。
2　他社（たしゃ）を訪問（ほうもん）する際（さい）には、30分前（ふんまえ）に着（つ）くように余裕（よゆう）をもって向（む）かうとよい。
3　仕事（しごと）の締切（しめきり）が15日（にち）だと言（い）われた場合（ばあい）には、15日（にち）夜（よる）までに提出（ていしゅつ）するとよい。
4　打（う）ち合（あ）わせに少（すこ）しでも遅（おく）れそうな場合（ばあい）は、相手（あいて）にその旨（むね）を電話（でんわ）するとよい。

問題2（もんだい）．日本企業（にほんきぎょう）で働（はたら）く人（ひと）の行動（こうどう）として、最（もっと）も適切（てきせつ）なものを選（えら）びなさい。

2

1　電車（でんしゃ）の遅（おく）れで会社（かいしゃ）に遅刻（ちこく）したが、電車（でんしゃ）は公共交通機関（こうきょうこうつうきかん）であり、自分（じぶん）は悪（わる）くないので、上司（じょうし）には謝（あやま）らなかった。
2　他（ほか）の社員（しゃいん）は全員残（ぜんいんのこ）っていたが、終業（しゅうぎょう）時刻（じこく）になったので、「私（わたし）は帰（かえ）りますね。」と言（い）って、笑顔（えがお）でオフィスを出（で）た。
3　勤務時間中（きんむじかんちゅう）は私用（しよう）の電話（でんわ）は控（ひか）えるべきなので、携帯電話（けいたいでんわ）はマナーモードにして、自分（じぶん）の鞄（かばん）の中（なか）に入（い）れておいた。
4　昼休（ひるやす）みは勤務時間外（きんむじかんがい）の個人（こじん）の自由（じゆう）な時間（じかん）なので、気分転換（きぶんてんかん）をしたいと思（おも）い、同僚（どうりょう）とワインを2杯飲（はいの）んだ。

問題3（もんだい）．日本（にほん）の組織（そしき）で働（はたら）くときに注意（ちゅうい）するべきこととして、適切（てきせつ）なものを選（えら）びなさい。

3

1　会社（かいしゃ）は働（はたら）く場所（ばしょ）であり、業績（ぎょうせき）を上（あ）げることが最（もっと）も重要（じゅうよう）であるので、人間関係（にんげんかんけい）を良（よ）くするためのコミュニケーションをとる必要（ひつよう）はない。
2　組織（そしき）では、メンバーの間（あいだ）で情報（じょうほう）を伝達（でんたつ）、共有（きょうゆう）しながら連携（れんけい）して仕事（しごと）を進（すす）めるので、「報告（ほうこく）」「連絡（れんらく）」「相談（そうだん）」を欠（か）かさないようにする。
3　組織（そしき）では、メンバーの間（あいだ）で価値観（かちかん）が異（こと）なると良（よ）い成果（せいか）を出（だ）すことができないので、部下（ぶか）はいつも上司（じょうし）の価値観（かちかん）に合（あ）わせるようにする。
4　同（おな）じ企業（きぎょう）の社員（しゃいん）は家族（かぞく）のようなものなので、年齢（ねんれい）や役職（やくしょく）にかかわらず、友達（ともだち）と話（はな）すときと同（おな）じように親（した）しみを込（こ）めた話（はな）し方（かた）をする。

２．人間関係の作り方

問題４．日本における日常的な挨拶の説明として、**不適切なもの**を選びなさい。

4

1　相手と早く親しくなるためには、自分から先に挨拶をしていくとよい。
2　相手の名前を早くおぼえて、名前を呼びかけながら挨拶をするとよい。
3　会社内ですれ違ったら、たとえ違う部署の人でも挨拶をするとよい。
4　自分を強くアピールしたいならば、握手とともに挨拶をするとよい。

問題５．社員の敬語の使い方として、**不適切なもの**を選びなさい。

5

1　自社の課長に：「部長は、午後１時から山村貿易との会議でお出かけになると　おっしゃっていました。」
2　取引先の島田部長に：「弊社の部長の山田は懇親会に伺う予定ですが、島田部長はいらっしゃいますか。」
3　社内の会議で同僚に：「それでは、佐藤さんは、営業部のこの企画案についていかが思われますか。」
4　社外で上司に家族を紹介され、上司の妻に：「こんにちは。ご家族皆さんで買い物にまいられたのですか。」

問題６．次の会話文の　　　　　　に入ることばとして、最も適切なものを選びなさい。

6

部長の妻と受付社員の会話
部長の妻が部長の忘れもの（大事な資料）を会社に届けに来た。
部長の妻「営業部の山野の妻ですが、これ、夫に言われて持ってきたんです。
　　　　　渡していただけませんか。」
受付社員「　　　　　　　　」

1　ご苦労さまです。山野さんにお渡しなさいます。
2　かしこまりました。山野にお渡しいたします。
3　かしこまりました。山野部長にお渡ししておきます。
4　ご苦労さまです。山野さまにお渡し申し上げます。

問題7. あなたは新規の顧客訪問をし、成果が得られなかったことについて上司に報告します。効果的な伝え方として、適切なものを選びなさい。

7

1 何も成果が上がらなかったと報告するのは気まずいので、直接的な表現は避け、上司に察してもらうよう遠まわしに話す。

2 訪問を開始したところから時間の流れに沿ってていねいに話し、結局何も成果が上がらなかったと最後に結論を述べる。

3 成果が上がらなかったことに対する反省の気持ちを表すため、上司と目を合わせないようにしてお詫びのことばを伝える。

4 成果が上がらなかったという事実と、今後どのようにすればよいかについての自分なりの意見を区別しながら報告する。

問題8. あなたが働いているレストランでは、台風の影響で食材の入荷が間に合わないため、明日のコースメニューの食材に変更があります。明日の予約客に電話をしてそのことを伝える場合、伝える順番として、最も適切なものを選びなさい。

8

① メニューの一部が変更されることとその理由
② 変更を受け入れてもらえるかどうかの確認
③ 現時点で受け付けてある予約内容の確認とそのお礼
④ 予約金額に変更はないこと

1 ①→②→④→③
2 ①→③→④→②
3 ③→①→②→④
4 ③→①→④→②

問題9. 業務の一部に変更があり、上司から変更内容についての説明がありました。変更点についてはだいたい理解できたのですが、具体的に自分の業務の中でどのように対応すべきなのかわからないところがありました。このあとのあなたの対応として、最も適切なものを選びなさい。

9

1 自分の業務とどう関係するのかがよくわからないので、もっとわかりやすく説明してくださいと頼む。

2 変更内容が自分の業務にどう関連するのか、理解したこととわからなかったことを整理して質問する。

3 もう一度繰り返して説明してもらうように頼み、それを聞いてもわからなかったら、詳しく質問する。

4 ほぼ理解できたのでその場では質問せず、業務の中で困った際に具体的な状況説明とともに質問する。

問題10. 日本におけるあいづちの説明として、**不適切なもの**を選びなさい。

10

1 あいづちは、話している相手が話しやすくなるように打つものである。

2 あいづちには、話をきちんと聞いていることを話し手に伝える効果もある。

3 あいづちは、打つ回数が多ければ多いほど、相手にとってよいものである。

4 「ええ」とあいづちを打っていても、その話に同意していないこともある。

問題11. あなたは、会社の販売促進イベント終了後の打ち上げで、上司と話しています。次の①〜④の箇所で、あなたが打つあいづちの組み合わせ例として、適切なものを選びなさい。

11

上司「いやあ、今日のイベントはうまくいったなあ。」

あなた「　　①　　。大盛況でしたね。」

上司「あんなにたくさん人が集まったのは久々だよ。事前の告知の仕方がよかったな。」

あなた「　　②　　。今回の告知の仕方は、とても勉強になりました。」

上司「Twitterやブログでも情報を流したりしたからな。でもまあ、俺が以前に商品Aのイベントを仕掛けた際には、今日よりももっと人が集まったんだよ。」

あなた「　　③　　。すごいですねえ。」

上司「まあね。もっとも、あの頃は、販売促進にもっとお金をかけられたんだけどね。人気アイドルを使ったりしてさ。」

あなた「　　④　　」

上司「ああ。アイドルグループの〇〇〇に来てもらったんだよ。」

〈あなたが①〜④の箇所で打つあいづちの組み合わせ例〉

	①	②	③	④
1	はあ	はい	あ、そう	それじゃあ集まりますよね。
2	本当に	うん	そうですか	人気アイドルですか？
3	はあ	うん	あ、そう	それじゃあ集まりますよね。
4	本当に	はい	そうですか	人気アイドルですか？

問題12. あなたは、知人の誘いを断る必要があります。相手の気持ちに配慮した断り方として、最も適切なものを選びなさい。

12

1 「水曜日ですか。ごめんなさい。その日は用事があるんです。また誘ってください。」

2 「水曜日ですって？　その日はだめなんです。先約があるので、ちょっと無理です。」

3 「水曜日？　悪いですが、無理です。忙しいんです。他の人に聞いてみるのはどうですか。」

4 「水曜日ですか。その日はどうでしょう。ええっと、そうですね、考えておきます。」

問題13. 日本での対人コミュニケーションにおいて留意すべき点として、**不適切なもの**を選びなさい。

13

1 会社で上司などに自分の身内のことを話す場合は、親であろうとも「私の父は～しております。」と謙譲表現を用いる。

2 一般的にボディ・コンタクトをとることは少なく、相手の体にむやみに触ることは、相手に不快感を与える恐れがある。

3 自分が失敗をした場合には、まずはその理由をていねいに説明して、自分の立場を周囲の人にわかってもらうようにする。

4 相手の批判などのように、相手に直接言いにくいことは、最後まではっきり言わないで、相手に察してもらうようにする。

３．効率的な仕事の進め方

問題14. 仕事に取り組む際の優先順位の決め方として、**不適切なもの**を選びなさい。

14

1 仕事をいつまでに仕上げるかという期限は重要なので、基本的には期限が迫っているものから取りかかる。

2 仕事の依頼者は誰かということが重要なので、部長と課長の依頼が重なれば、必ず部長の仕事を優先する。

3 複数の仕事の期限が重なった場合は、その仕事の重要性や作業にかかる時間などを考えて、順位を決める。

4 仕事の期限が重なり、どちらを先に行ったらよいかわからない場合は、上司に事情を話し、指示を仰ぐ。

問題15. 来客応対についての説明として、**不適切なもの**を選びなさい。

1 会社を代表して客と接しているのだという意識をもち、常に責任をもって、礼儀正しく対応する。

2 客に対して社内の人のことを話すときは、たとえ社長でも「社長の山田が〜」のように呼び捨てにする。

3 来客を応接室に案内する際には、客の2〜3歩前を歩き、振り向きながら「こちらです。」と案内する。

4 来客を応接室に案内したら、担当者が来るまで、どこでも好きな席に座って待っているようにと伝える。

問題16. 電話の取り次ぎ方についての説明として、**最も適切なもの**を選びなさい。

16

1 名指し人（＝電話をかけてきた人が話したい相手）にすぐに代われる場合は、保留にしなくてよい。

2 名指し人が不在の場合は、不在の理由を詳しく説明して、あらためてかけ直してもらうとよい。

3 名指し人に取り次ぐ際、よくかかってくるかけ手の場合は名前を伝えずに会社名だけでよい。

4 相手を長く待たせてしまいそうな場合は、このまま待たせてもよいか相手の意向を聞くとよい。

問題17. 名刺交換についての説明として、最も適切なものを選びなさい。

17

1　名刺をもらったら、名前の読み方を確認し、読みにくければ、その場で名刺に書き込む。

2　名刺はその人の顔であるので、敬意を表すために、受け取ったらすぐに名刺入れにしまう。

3　相手から名刺をもらうときは、相手への敬意を表すために、両手でていねいに受け取る。

4　初対面時の大切なやりとりなので、お互いに座って、ゆっくりと落ち着いてから行う。

問題18. 次の状況のうち、Eメールを使って相手に連絡するべきものとして、適切なものを選びなさい。

18

1　机の向かい側に座っている上司に、指示された仕事を終えたことを知らせる。

2　来週開催の会議の日時・場所・議題などを、社内外の参加メンバーに知らせる。

3　顧客先への訪問が10分程度遅れることを、訪問時刻の直前に相手に知らせる。

4　仕事が締切日に間に合わないことを、お詫びと理由とともに上司に知らせる。

┌───┐
【注意事項】

1．「Part 2 事例編」は聴解試験です。

2．聴解試験中は、メモをとってもかまいません。

3．聴解試験には、(1)「聴解」と (2)「聴読解」の二種類の問題があります。まず「聴解」を行ったあと、「聴読解」を行います。

　(1)「聴解」は、問題文（状況設定文）が文字と音声の両方で提示され、発話文と選択肢は音声のみで提示されます。選択肢をよく聞いて、答えを選んでください。また、一つの状況から二つの問題が出されます。

　(2)）「聴読解」は、会話文が音声のみで提示され、質問と選択肢は文字のみで提示されます。音声は流れません。電子音のあと、問題冊子の選択肢から答えを選んでください。また、一つの状況につき質問は一つです。

※なお、日本語では、発音する際の口語と、文字で表記する際の文語で、異なる発音をする言葉があり、「聴解」問題でも区別しています。

　　例）文語「よい」　→　口語「いい」
└───┘

　まず、(1) 聴解の問題例を挙げますので、聞いてください。問題文（状況設定文）のあとに、発話文と選択肢が流れますので、よく聞いて、正答を選んでください。問題は二つです。

(1) 聴解　問題例

　あなたは、ファストフード店の店員としてレジで精算の仕事をしています。状況と質問が流れますので、最も適切なものを選択肢から選びなさい。

問題1．顧客から次のように言われました。このあと、あなたはどのように返答すればよいですか。

　答えは1「はい、サイズは何になさいますか。」です。
　そこで、マークシート用紙の解答欄の1をマークします。
　〈記入例〉

　　　　●　　②　　③　　④

03 次に、問題2が流れます。

問題2. 問題1の会話のやり取りのあと、顧客から次のように言われました。あなたはどのように返答すればよいですか。

答えは4「はい、かしこまりました。」です。
そこで、マークシート用紙の解答欄の4をマークします。
〈記入例〉

① ② ③ ●

問題例は以上です。それでは、これより（1）聴解を始めます。

04 （1）聴解
1. 来客応対
　あなたは会社で受付を担当しています。状況と質問が流れますので、最も適切なものを選択肢から選びなさい。

問題1. 訪ねてきた客から次のように言われました。このあと、あなたはどのように返答すればよいですか。 ⬜19

05 問題2. 問題1の会話のやり取りのあと、客から次のように言われました。あなたはどのように返答すればよいですか。 ⬜20

06 2. 電話応対
　担当者が会議中で、かかってきた電話に出られない場合の電話応対の会話です。状況と質問が流れますので、最も適切なものを選択肢から選びなさい。

問題3. 電話をかけてきた人から次のように言われました。このあと、あなたはどのように返答すればよいですか。 ⬜21

07 問題4. 問題3の会話のやり取りのあと、相手から次のように言われました。あなたはどのように返答すればよいですか。 ⬜22

08 3．報告・連絡・相談

　　会社における上司と部下との会話です。状況と質問が流れますので、最も適切なものを選択肢から選びなさい。

　　問題5．ガイさんは、浜田課長から次のように資料提出の指示を受けました。このあと、ガイさんはどのように返答すればよいですか。なお、ガイさんは課長から、東京物産と晴海建設、2種類の営業資料作成を預かっています。最近頼まれたのは、東京物産の資料です。

| 23 |

09 　問題6．問題5の会話のやり取りのあと、浜田課長が次のように答えました。ガイさんはどのように返答すればよいですか。

| 24 |

10 4．他社訪問

　　リンさんはアポイントメントのある取引先を訪問します。状況と質問が流れますので、最も適切なものを選択肢から選びなさい。

　　問題7．受付の人から次のように言われました。このあと、リンさんはどのように返答すればよいですか。

| 25 |

11 　問題8．問題7の会話のやり取りのあと、受付の人から次のように言われました。リンさんはどのように返答すればよいですか。

| 26 |

12 5．接遇・接客

　　あなたは駅前の大きな洋菓子店で接客をしています。状況と質問が流れますので、最も適切なものを選択肢から選びなさい。

　　問題9．あなたが陳列棚に商品を並べていると、40代くらいの女性がお店に入って来て、次のように言いました。このあと、あなたはどのように返答すればよいですか。

| 27 |

13 　問題10．問題9の会話のやり取りのあと、女性客は箱詰めの焼き菓子やゼリーを手に取り、迷っているようで、あなたに次のように質問してきました。あなたはどのように返答すればよいですか。

| 28 |

14 6．クレーム対応
　　あなたは、大型スーパーの洋服店で働いています。状況と質問が流れますので、最も適切なものを選択肢から選びなさい。

　　問題11．女性客から次のように言われました。このあと、あなたはどのように返答すればよいですか。　　　　　　　　29

15　　問題12．問題11の会話のやり取りのあと、客から次のように言われました。あなたはどのように返答すればよいですか。　　　　　　　30

16 7．会議・打ち合わせ
　　富士電機で、桜商事との共同開発の会議が行われています。状況と質問が流れますので、最も適切なものを選択肢から選びなさい。

　　問題13．富士電機の南部長が新商品の開発について次のように意見を言います。しかし、桜商事の西川さんはこの意見に反対です。このあと、西川さんはどのように返答すればよいですか。　　　　　　　31

17　　問題14．西川さんは、次に、桜商事の開発部の野村さんに意見を求めます。しかし、野村さんは、それについて、まだ意見が決まっていません。野村さんはどのように返答すればよいですか。　　　　　　　32

18 8．面接
　　あなたは学生で、就職活動中です。今日は、企業の面接試験を受けています。状況と質問が流れますので、最も適切なものを選択肢から選びなさい。

　　問題15．面接官から次のように言われました。このあと、あなたはどのように返答すればよいですか。　　　　　　　33

19　　問題16．問題15の会話のやり取りのあと、面接官から次のように言われました。あなたはどのように返答すればよいですか。　　　　　　　34

（1）聴解は以上です。

次に、（2）聴読解です。まず、問題例を挙げますので、聞いてください。

会話文のあとに、電子音が流れますので、そのあと、問題冊子の質問を読んで、正答を選んでください。

（2）聴読解　問題例

問題.（※音声のみ）

質問：この会話の説明として、最も適切なものを選びなさい。

　　1　リーさんは、先輩の説明が一区切りついたところで質問するべきだった。

　　2　リーさんは、説明を受ける立場なので、質問するべきではなかった。

　　3　リーさんは、もっとていねいなことば遣いで質問するべきだった。

　　4　リーさんは、わからないことばについてはあとで自分で調べるべきだった。

答えは1「リーさんは、先輩の説明が一区切りついたところで質問するべきだった。」です。

そこで、マークシート用紙の解答欄の1をマークします。

〈記入例〉

● ② ③ ④

問題例は以上です。それでは、これより（2）聴読解を始めます。

(2) 聴読解

1. 来客応対

問題17. ☐ 35

質問：ヤンさんは、最後にどのように言うべきだったでしょうか。最も適切なものを選びなさい。

1 「申し訳ございませんが、応接室でお待ちいただけますか。確認してまいります。」

2 「恐れ入りますが、会議が終わった頃にもう一度、来ていただけますか。」

3 「申し訳ございませんが、佐藤がまいりますまでそのままお待ちください。」

4 「佐藤をすぐに呼んでまいりますので、今しばらくお待ちくださいませ。」

 問題18. ☐ 36

質問：受付の人は、最後にどのように言うべきだったでしょうか。最も適切なものを選びなさい。

1 「はい、では営業一部の山田さんをお呼びしますから、少々こちらでお待ちくださいませ。」

2 「はい、ただ今、山田さんにご連絡いたします。失礼ですが、お名前をお教えいただけますか。」

3 「申し訳ございませんが、仕事中ですから、ご親戚やご家族であってもお取り次ぎできません。」

4 「失礼ですが、どのようなご用件でしょうか。私が伺って、山田さんにお伝えいたします。」

 2. 電話応対

問題19. ☐ 37

質問：この電話での対応にはいくつか足りない点があります。リーさんがするべきこととして、**不適切なもの**を選びなさい。

1 予定の変更について承知したことを山田さんに代わって答える。

2 山田さんが帰社後、折り返し電話する必要があるかどうかを確認する。

3 伝言を受けた者を特定しておくために、自分の名前を述べる。

4 相手の会社名、名前、電話番号などを、もう一度確認する。

24 問題20. [38]

質問：この電話を社長につなぎ、電話が終わったあと、キムさんは社長から「営業電話を私につなぐな！」と怒られてしまいました。キムさんはどのように対応するべきだったでしょうか。最も適切なものを選びなさい。

1 「そう言われても困ります。名前を言うのは常識ですよね？　どちらさまかおっしゃってください。」と名前を聞くべきだった。

2 「社長のお友達ということですが、いつのお友達でいらっしゃいますか？　学生時代ですか？」と詳しく話を聞くべきだった。

3 「申し訳ございません。お名前を伺わないとお取り次ぎいたしかねます。失礼ですが、どちらさまでしょうか。」と聞くべきだった。

4 「申し訳ありませんが、お名前をおっしゃっていただかないとおつなぎできません。」と言って、先に電話を切るべきだった。

3．報告・連絡・相談

問題21. [39]

質問：オンさんはどのように対応するべきだったでしょうか。最も適切なものを選びなさい。

1 鈴木課長の頼みを気づかないふりをして返事をせず、その様子から、課長に状況を察してもらうべきだった。

2 「今、私はご覧のとおり忙しいんです。申し訳ありませんが、他の人に頼んでください。」と言うべきだった。

3 「すみません。12時にお客さまに渡す資料を作成中でして、これを終えてからでよろしいですか。」と言うべきだった。

4 「かしこまりました。今からデータの修正作業をお手伝いいたします。」と言い、課長の指示にすぐに従うべきだった。

26 問題22.　40

質問：この会話から見えてくる問題点として、最も適切なものを選びなさい。

1　経理部の池田さんは規則に従った正しいことを言っているので、問題はなく、規則を守れない営業部の劉さんが行動を改めるべきである。

2　営業の仕事は客を最優先すべきなので、言い方は厳しいが劉さんの言っていることは適切であり、経理部の池田さんが柔軟に対応すべきである。

3　お互いに感情的になって自分の主張ばかりをしている点が問題であり、それぞれの立場を理解したうえで、今できることを探し出すべきである。

4　申請マニュアルがあるのに、その内容を社員が知らないという点に問題があり、業務遂行に関する社員教育を徹底させるべきである。

27　4．他社訪問

問題23.　41

質問：ウォンさんはどのように話すべきだったでしょうか。最も適切なものを選びなさい。

1　「実は、今日になって急に社長からデザインを変更しろと言われて困っているんですよ。」とデザイン変更の理由を話すべきだった。

2　「最近いかがですか。暑くてまいりますね。それに景気もあいかわらずで困りますし。」などと世間話をしてから話すべきだった。

3　「早速ですが、デザイン変更の件で井上さまにご相談がございます。来週お時間を頂戴できますでしょうか。」と言うべきだった。

4　「お電話しましたのはご相談したいことがあるんです。デザイン変更の件で、井上さまにお会いしたいのですが。」と言うべきだった。

28 問題24.　42

質問：モレノさんはどのように行動するべきだったでしょうか。最も適切なものを選びなさい。

1　約束の時間を守り、「営業の村田課長と14時のお約束でまいりました。ヤマダ電子のモレノです。」と挨拶し、手土産は村田課長に渡すべきだった。

2　「営業の村田課長との約束で、約束の時間は14時ですが、早く着いてしまったものですみません。」とお詫びをして、手土産を渡すべきだった。

3　「営業の村田課長とのお約束は14時ですから、こちらで少し待たせてください。」と受付で手土産を渡し、世間話をしながら待つべきだった。

4　「営業の村田課長と14時に約束があるヤマダ電子のモレノです。少し早くてすみません。」と挨拶し、自分で村田課長のところに行くべきだった。

5．接遇・接客

問題25. ☐ 43

質問：タムさんは、最後にどのように対応するべきだったでしょうか。最も適切なものを選びなさい。

1　「申し訳ありません、このチラシは今月末までなので・・・。他のサービスができないか店長に聞いてみます。」と言うべきだった。

2　「え～と、本当はだめなんですけど、内緒で使えるようにします。お会計のときに私のところに来てください。」と言うべきだった。

3　「そうですね、来月でもきっと大丈夫だと思います。私から店長に頼んでみますよ。任せておいてください。」と言うべきだった。

4　「さっき、私、キャンペーンは今月中と言いましたよね？　聞いていらっしゃいませんでしたか。」と聞くべきだった。

問題26. ☐ 44

質問：この会話の説明として、最も適切なものを選びなさい。

1　ビジネスの会話であり、時間がもったいないので、特に気候についての話に応えるべきではなかった。

2　ビジネスの会話にも雑談は必要なので、もっと長く気候についての話をするべきだった。

3　ビジネスの会話なので、気候の話題は本題と違うと先方に伝え、早めに本題に入るべきだった。

4　ビジネスの会話にも本題に入る前に気候などの雑談は必要なので、気候の話で始めるのは適切だった。

31 6．クレーム対応

問題27. 45

質問：リーさんはどのように対応するべきだったでしょうか。最も適切なものを選びなさい。

1 「ご注文されたものと違うということですね。私のミスです。申し訳ございません。」と言うべきだった。

2 「それでは、料理をカレーライスとお取り替えすればよろしいのでしょうか。」と言うべきだった。

3 「そのように言われても ···。なんとかそのお料理を召し上がっていただけませんか。」と言うべきだった。

4 「ご注文と違うということでございますね。確認してまいりますので少々お待ちください。」と言うべきだった。

32 問題28. 46

質問：ワンさんの最後の発話についての説明として、最も適切なものを選びなさい。

1 ことば遣いに気をつけながら先方にお伺いを立てており、クレーム対応として問題がない。

2 たとえ印刷所に連絡したのが別の人でも、担当であるワンさんが責任をもって確認に行くべきである。

3 順序として、先方（＝信用堂）に確認に行く前に、まず印刷所に印刷物の確認をしに行くべきである。

4 まず印刷所の責任者に連絡を取り、先方を待たせても、責任者と一緒に先方へ確認に行くべきである。

33 7．会議・打ち合わせ

問題29. 47

質問：佐藤さんの資料についての説明として、適切なものを選びなさい。

1 佐藤さんは、見やすい大きさで表を作成するべきだった。

2 佐藤さんは、資料を一つにまとめて作成するべきだった。

3 佐藤さんは、表に使う数字を少なくするべきだった。

4 佐藤さんは、もっと詳しく表の説明をするべきだった。

問題30. 48

質問：この会話の説明として、最も適切なものを選びなさい。

　1　鈴木さんは、課長のアイデアについて、もっと掘り下げて詳しく課長に聞くべきだった。

　2　鈴木さんは、課長がいいアイデアを出したのだから、すぐに実行しようと提案すべきだった。

　3　鈴木さんは、課長がいいアイデアを出したのだから、他の人の意見を求める必要はなかった。

　4　鈴木さんは、課長の意見について受け止めつつ他の人の意見も求めており、問題はなかった。

35

8．面接

問題31. 49

質問：受験者はどのように答えるべきだったでしょうか。最も適切なものを選びなさい。

　1　以前にネットニュースで関連記事を読んだことがあるものの、詳しいことは忘れてしまったということを率直に話すべきだった。

　2　聞かれた商品については知らなくとも、他の商品について詳しいならば、勉強成果をアピールするために、それを話すべきだった。

　3　知らないのであれば、勉強不足を詫びたうえで、正直に話し、家に帰ってからすぐに調べたいなどの前向きな内容で終えるべきだった。

　4　聞かれたことを知らなくとも、何もことばを発しないのは評価が落ちるため、思いつくことをなんでもいいから話しておくべきだった。

36

問題32. 50

質問：この面接官は、受験者の答えからどのような情報を知りたいと考えてこの質問をしたのでしょうか。可能性として、最も低いものを選びなさい。

　1　業務提携や海外進出の仕事をするのに必要な交渉力があるかどうかを知りたかった。

　2　働く意味や意義についてどのような考え方を持っている人なのかを知りたかった。

　3　この会社に長く勤めたいのか、ステップの一つと考えているのかを知りたかった。

　4　特定の専門職と様々な分野がこなせる総合職のどちらに向いているかを知りたかった。

※「(1) 聴解」は、音声のみで提示する部分のみ掲載（文字及び音声の両方で提示する部分は除く）。

(1) 聴解　問題例

問題1. 客「すみません、ポテトを一つください。」

　　1　「はい、サイズは何になさいますか。」

　　2　「はい、Mサイズでいいですね？」

　　3　「はい、サイズはMにしておきますね。」

　　4　「はい、サイズを教えてください。」

問題2. 客「ケチャップをもらえますか。」

　　1　「わかりました、つけます。」

　　2　「はい、待っていてくださいね。」

　　3　「少し待ってください。」

　　4　「はい、かしこまりました。」

(1) 聴解
1. 来客応対

問題1. 来客「山田自動車営業部の高橋と申します。いつもお世話になっております。総務部の佐藤さまはいらっしゃいますか。」

19

　　1　「山田自動車営業部の高橋さんですね。こんにちは。総務の佐藤さんとは何時に約束していますか。」

　　2　「いらっしゃいませ。高橋さま、お待ちしておりました。佐藤はおりますので連絡いたしますが、何時からのお約束でしょうか。」

　　3　「山田自動車営業部の高橋さまですね。いつもお世話になっております。失礼ですが、佐藤とはお約束いただいていますでしょうか。」

　　4　「山田自動車さんですね、いつもお世話になり、ありがとうございます。今日は、うちの佐藤とはお約束はありますか。」

問題2．来客「はい、13時からのお約束でまいりました。」

20

1　「そうでしたか。それでは、念のため、佐藤に連絡して確認をとりますのでこちらで少々お待ちください。」

2　「はい。それでは、ただ今すぐに佐藤に連絡いたしますのでそのまましばらく待っていてもらえますか。」

3　「そうですか。失礼いたしました。では、佐藤に連絡させていただきますので、少々お待ちくださいませ。」

4　「さようでございますか。失礼いたしました。では、佐藤に連絡いたしますので少々お待ちくださいませ。」

２．電話応対

問題3．取引先「いつもお世話になっております。山田貿易の井上と申しますが、営業課の原田さん、お手すきでしたらお願いしたいんですが。」

21

1　「こちらこそいつもお世話になっております。あいにく原田は会議に入っております。」

2　「いつも大変お世話になっております。今、原田さんは会議中で出られないんです。」

3　「すみません。今、会議をしていますから、電話はつながないように言われています。」

4　「ああ、運が悪いですね。原田は今会議中です。またあとで電話していただけますか。」

問題4．取引先「そうですか。会議は何時までのご予定でしょうか。」

22

1　「会議は、確か4時までだったと思います。」

2　「4時ぐらいにまたかけてみたらいかがですか。」

3　「4時まで戻りませんよ。どうしますか。」

4　「4時までの予定です。お急ぎでしょうか。」

3．報告・連絡・相談

問題5．課長「ガイさん、この間頼んだ資料だけど、今日の午後必要なので用意してほしいんだ。」

23

1　「この間の資料って、どの資料のことなのか、はっきり指示していただけますか。」

2　「はい、かしこまりました。それでは、今からすぐに取りかかります。」

3　「東京物産と晴海建設の資料をお預かりしていますが、どちらの件でしょうか。」

4　「ええっと、それでは、東京物産の資料を用意すればいいんですよね。」

問題6．課長「晴海建設の資料だよ。頼んだよ。」

24

1　「はい、晴海建設ですね。今日の何時までにお渡しすればよろしいですか。」

2　「はい。ほとんどできています。先にこの伝票入力をしてしまいますね。」

3　「はい、かしこまりました。それでは、早速、今から取りかかります。」

4　「はい、それでしたらほとんどできています。どうぞ安心してください。」

4．他社訪問

問題7．受付「いらっしゃいませ。」

25

1　「あさひ貿易営業部のリンと申します。いつもお世話になっております。営業部の田中さまとの14時のお約束でまいりました。」

2　「あさひ貿易営業部のリンと申します。営業部の田中さんに、14時に来ると約束しました。よろしくお願いします。」

3　「あさひ貿易営業部のリンです。今日は約束があって来ました。営業部の田中さんを呼んでもらえますでしょうか。」

4　「こんにちは。営業部の田中さんをお願いします。今日の14時に約束があります。どうぞよろしくお願いします。」

問題8．受付「あさひ貿易営業部のリンさまですね。お待ちしておりました。ご案内いたします。」

26

1　「ありがとうございます。お願いいたします。」

2　「そうですか、それじゃあ、お願いします。」

3　「待っていてくれたんですか、うれしいなあ。」

4　「自分でまいりますから大丈夫です。」

5．接遇・接客

問題9．客「こんにちは。」

27

1　「こんにちは。どのようなものをお探しですか。」

2　「こんにちは。いらっしゃいませ。」

3　「はい、どうも。」

4　「いらっしゃいませ。こちらが今、タイムサービスでお安くなっています。」

問題10．客「これからお年寄りのいらっしゃるお宅に伺うんだけど、手土産はどれがいい
　　　　　かしら。」

28

1　「そうですね…お年寄りといっても、それぞれお好みがありますので、決めるの
　　は難しいです。」

2　「こちらのフルーツゼリーはいかがでしょうか。歯の悪い人でも食べられるので、
　　老人にはぴったりです。」

3　「こちらのフルーツゼリーはいかがですか。お子さまからご年配の方まで喜ばれ
　　る、人気の商品です。」

4　「ウチの商品は、どれもおいしくって、皆お勧めです。どのお菓子でも、きっと
　　喜ばれますよ。」

6．クレーム対応

問題11．客「この服、昨日こちらで買ったのですが、取り替えたいと思って…。店員さん
　　　　　に勧められて買ったんですけど、家で着てみたら、やっぱり小さくて着られ
　　　　　ませんでした。」

29

1　「それは残念でしたね。これ、とても素敵なデザインなのに。あの〜、ところで
　　サイズは何でしたか。」

2　「誠に失礼いたしました。私は昨日いなかったのでよくわからないのですが。ど
　　のサイズをお求めになったのですか。」

3　「誠に申し訳ございません。まずは、お買い求めいただいたサイズを確認させて
　　いただいてもよろしいですか。」

4　「サイズ違いだったんですね。私どものほうでサイズを取り違えたのかもしれま
　　せん。何サイズですか。」

問題12. 客「買ったのはSサイズです。Mサイズで同じものがあったら、取り替えたいんです。」

30

1 「はい、Mサイズですね。すぐに探してまいります。」

2 「わかりました。見てきますので、待っていてください。」

3 「あるかわかりませんが、ちょっと見てまいります。」

4 「Mですか。Lではなさそうですね。少々お待ちください。」

7. 会議・打ち合わせ

問題13. 南部長「この商品は、ターゲットを若者にしぼったほうがいいですよ。具体的なイメージが作りやすいから、開発の期間が短縮できますしね。」

31

1 「南部長のお考えはもっともですけどねえ…。う～ん、どうなんでしょうねえ。」

2 「その意見には反対です。なぜなら、高齢者層にも需要はあるはずだからです。」

3 「そうでしょうか。それには賛成しかねます。高齢者層にも需要はありますよ。」

4 「確かにご意見はもっともだと存じます。ただ、高齢者層にも需要はあると考えます。」

問題14. 西川「この商品は、若者に限らず幅広い世代に使えるように開発したほうがいいのではないかと思うんです。野村さん、開発部の立場から見て、どうお考えですか。」

32

1 「そうですねえ。開発部の立場からは、特にありません。」

2 「どちらも大変けっこうだと思いますので、ちょっとわかりません。」

3 「実は、まだ意見を決めかねています。少しお時間をいただけますか。」

4 「それぞれメリット、デメリットがありますので、お答えできません。」

8. 面接

問題15. 面接官「学生時代に、テニス部で部長をされていたそうですが、大変だったこと
は何ですか。」

33

1 「部員は 40 名程いたのですが、皆、考え方が違うので、まとめるのに苦労いたし
ました。」

2 「部員の中には、とにかく遊ぶことばかりを考えている人もいて、取り仕切るの
が大変でした。」

3 「部長の仕事は、とにかくなんでも大変ですよね。部員の意見のとりまとめから
して苦労しました。」

4 「40 名いる部員のとりまとめに苦労いたしました。もうあんな思いはしたくない
です。」

問題16. 面接官「では、その経験は仕事をするうえで、どのように生かしていけると思い
ますか。」

34

1 「弊社ではプロジェクトごとにチームを組むそうなので、チームで仕事をする際
に生かせればよいと思います。」

2 「そうですね、どのような仕事をするのかまだわからないので、今のところはな
んとも申し上げられないです。」

3 「とても勉強になる経験だったので、仕事をするうえで、どんな場面にでも生か
せるのではないかと思います。」

4 「プロジェクト・チーム内でコミュニケーションをとりながら仕事を進める際に、
ぜひ生かしたいと思います。」

(2) 聴読解　問題例

問題. 次の会話を聞いて、問題冊子の質問に答えなさい。

リーさんは、オフィスの鍵締めの仕方について先輩から教えてもらっています。

先輩「最後にオフィスを出る人は、この入退室管理表に名前を書きます。そして、プリンターやエアコン、電気の消し忘れがないかを確認して（リーさんに中断される）。」

リー「すみません、入退室…なんですか？」

先輩「（少しムッとして）入退室管理表です。社員のオフィスへの入退室を管理する表ですよ。」【電子音】

(2) 聴読解

1. 来客応対

問題17. 次の来客応対の会話を聞いて、問題冊子の質問に答えなさい。

| 35 |

ヤンさんはある販売会社の営業部門で働いています。部の受付のそばを通ったところ、訪問者がいたので声をかけました。

ヤン「いらっしゃいませ。」

客　「こんにちは。13時に佐藤さんと約束した田中ですが。」

ヤン「田中さまですね。お世話になっております。少々お待ちください。」

ヤンさんが受付の内線電話で佐藤さんに連絡したところ、違う人が出て、佐藤さんは会議が長引いており、いつ終わるかわからないとのことでした。ヤンさんはそれを来客に伝えます。

ヤン「あいにく佐藤は会議が長引いているそうです。」

客　「（困った様子で）そうですか…どうしたらいいですかねえ？」

ヤン「申し訳ないですが佐藤でないとわかりかねますので、しばらくお待ちください。」

客　「（ややむっとした様子で）それは困るなあ。」

問題18. 次の来客応対の会話を聞いて、問題冊子の質問に答えなさい。

| 36 |

受付「いらっしゃいませ。」

客　「あのー、営業部の山田の親戚の者なのですが、山田を呼んでもらえませんか。」

受付「営業一部の山田直樹さんでしょうか。」

客　「そうそう、直樹です。」

受付「ご親戚とのことですが、山田さんとはどのようなご関係でしょうか。」

客 「（イライラしたように）ご関係？　え～と、いとこです、いとこ。急いでいるので、早く呼んでもらえませんか。」

２．電話応対

問題19.　次の電話応対の会話を聞いて、問題冊子の質問に答えなさい。

37

　リーさんが電話に出たところ、相手は山田さんと話したいと言います。しかし、あいにく山田さんは外出中です。それを伝えたところ、伝言を頼まれました。

相手「では、山田さまにご伝言をお願いしてもよろしいでしょうか。」

リー「はい、承ります。小川さま、ご伝言の内容をお願いいたします。」

相手「はい、えー、4月15日午後2時に弊社で山田さまとお会いする予定でしたが、お見せする商品サンプルの入荷の関係で、お約束を午後3時に変更していただきたいのです。その旨、お伝えいただけませんか。」

リー「はい、4月15日14時からのお約束を15時に変更ということですね。」

相手「はい。」

リー「承知いたしました。確かにお伝えいたします。」

問題20.　次の電話応対の会話を聞いて、問題冊子の質問に答えなさい。

38

　キムさんは事務所で受付をしています。初めての方からの電話を受けました。

キム「はい、お電話ありがとうございます。上田建設でございます。」

相手「ああ、上田社長いる？　社長さんお願いしたいんだけど。」

キム「あのう、失礼ですが、どちらさまでしょうか。」

相手「ああ、俺、社長の友だちなんだよ、早く、代わって。」

キム「少々お待ちください。ただいまおつなぎいたします。」

3．報告・連絡・相談

問題21．次の会話を聞いて、問題冊子の質問に答えなさい。

　　オンさんは、今日の12時に客に提出する資料の作成中です。すでに11時になっており、急がないと間に合いそうもありません。そんなとき、上司の鈴木課長が次のように頼んできました。

　　鈴木課長　「手が空いていたら、このデータの修正作業を手伝ってくれないかな。」

　　オンさん　「え？　今ですか？」

　　鈴木課長　「ああ、今日中に終わらせたいんだ。」

　　オンさん　「それは無理です。」

　　鈴木課長　「（少しムッとしたような困ったような声で）なにが無理なんだ？」

問題22．次の会話を聞いて、問題冊子の質問に答えなさい。

　　経理部の池田さんと営業部の劉さんの会話です。日ごろから社員の経理部への提出書類に不備が多く、経理部の池田さんは、そのたびに訂正や修正を社員にお願いしています。今日も営業部の劉さんから提出された書類に不備があり、訂正をしてもらうよう伝えています。

　　池田「劉さん、これ、今日提出された書類ですけど、こちらは申請書類のほかに見積もり書と上司の印鑑も書類に押してもらう規則になっています。」

　　劉　「えっ、そんなこと、聞いていませんでしたよ。それならそうと、事前に知らせてくれないと、課長は昨日から1週間海外出張だから、印鑑なんて当分押してもらえませんよ。でも、この申請、急いでいるんです。お客さまが待っているんです。」

　　池田「そう言われても、申請マニュアルには書いてありますし、規則ですから、劉さんだけ特別扱いすることはできません。課長が帰国してから提出し直してください。」

　　劉　「規則規則って、そんなこと言ってたら、営業の仕事なんてできないよ。社内で社員向けの仕事をしている人にはわからないと思うけどね。」

　　池田「そんな言い方はないでしょう。」

４．他社訪問

問題23．次の会話を聞いて、問題冊子の質問に答えなさい。

41

　　ウォンさんは、取引先の担当者とデザイン変更の件で相談するため、面談のアポイントメントを取るようにと、上司から言われ、取引先の企業に電話をしています。

　　ウォン「いつもお世話になっております。井出物産のウォンでございます。」

　　取引先「ああ、ウォンさん、井上です。いつもお世話になっております。」

　　ウォン「実は上司から言われて電話しているんですが、アポイントを取りたいんですよ。」

　　取引先「（驚いた様子で）…はあ、さようでございますか。」

　　ウォン「それで、来週の月曜14時はご都合いかがですか。ぜひお願いします。」

　　取引先「（戸惑った様子で）…はあ、来週の月曜ですか。ご用件はどのようなことでございますか。」

　　ウォン「ああ、デザインの変更の件で相談したいんです。」

問題24．次の会話を聞いて、問題冊子の質問に答えなさい。

42

　　モレノさんはアポイントメントのある取引先に手土産を持って訪問しています。

　　受　付「いらっしゃいませ。どのようなご用件でしょうか。」

　　モレノ「ヤマダ電子のモレノです。いつもお世話になっております。営業の村田課長いらっしゃいますか。約束は14時ですけど、早く着いたんで来てしまいました。」

　　受　付「はい、ヤマダ電子のモレノさまですね。営業の村田と14時のお約束でございますね。承っております。少々お待ちくださいませ。ただ今、村田に確認いたしますので。」

　　モレノ「ありがとうございます。あっ、これ、出張のお土産です。みなさんでどうぞ召し上がってください。おいしいんですよ。」

　　受　付「まあ、ありがとうございます。頂戴いたしますね。」

　　受付の人が、内線電話で村田課長に連絡したあと、モレノさんに言います。

　　受　付「お待たせいたしました。応接室へご案内いたします。村田は今手がはなせませんのでしばらくお待ちいただくようにとのことでございます。申し訳ございません。」

5. 接遇・接客

<ruby>接遇<rt>せつぐう</rt></ruby>・<ruby>接客<rt>せっきゃく</rt></ruby>

<ruby>問題<rt>もんだい</rt></ruby>25. 次の会話を聞いて、問題冊子の質問に答えなさい。

43

　　タムさんは、新しくオープンした居酒屋で働いています。店先でオープンキャンペーンのチラシを配っています。

　タム「こんにちは、居酒屋・太平洋です。こちらのチラシをどうぞ。」

　客　「へえ、こんなところに新しいお店ができたんですね。」

　タム「はい、今週オープンしたばかりなんですよ。新鮮な魚介を楽しんでいただけるお店です。今月中はオープンキャンペーンで全メニュー3割引きです。このチラシを持ってきていただければよいので、ぜひどうぞ。」

　客　「そうなんですか、来月の初めに友人と飲むときに来てみようかな。このチラシは来月初めも使えますか。」

　タム「キャンペーンは今月末までなので、だめです。」

　客　「（気分を害した様子で）…そうですか。それじゃあ別の店にするのでいいです。」

<ruby>問題<rt>もんだい</rt></ruby>26. 次の会話を聞いて、問題冊子の質問に答えなさい。

44

　　ワンさんは、事務用品を製造販売している会社の営業担当です。新製品を紹介するため、貿易会社を初めて訪問しています。場所は、その貿易会社の応接室です。

　田中「お待たせしました。」

　ワン「エコグリーンのワンと申します。よろしくお願いいたします。」

　田中「企画部の田中です。どうぞおかけください。」

　ワン「失礼いたします。本日は、お忙しいところお時間を頂戴いたしまして申し訳ございません。」

　田中「いえ、暑い中、お越しいただきありがとうございます。立秋も過ぎたというのに毎日暑いですね。」

　ワン「本当に暑いですね。今年は特に暑さが厳しいようです。早速ですが、お電話で少しお話しいたしました新製品につきまして、ご紹介させていただきたいと思います。」

　田中「はい、よろしくお願いします。」

　ワン「私どもは、事務用品の企画、製造、販売を行っております。会社の規模としては～（※会話続く）。」

6．クレーム対応

問題27．次の会話を聞いて、問題冊子の質問に答えなさい。

45

　　リーさんは、ファミリーレストランでアルバイトをしています。リーさんが注文を受けた客が、運ばれてきた料理が注文したものと違うとクレームをつけました。しかし、リーさんは注文を受けた時点で復唱して確認しているので、間違いはないと確信しています。

　客　「これ、僕が注文したものと違うんだけど。カレーライスを頼んだんだよ。」

　リー「ご注文いただいたときに復唱しておりますので、そんなはずはないと思います。」

　客　「（気分を害して）それじゃあ、こっちが間違ったって言うのか？」

問題28．次の会話を聞いて、問題冊子の質問に答えなさい。

46

　　ワンさんは、取引先の大手文具店の加藤さんから朝一番にクレームの電話を受けます。クレームの内容は納品した商品の印刷が注文と違っているということです。その取引先はワンさんが担当している企業です。

　ワン「エコグリーン、営業部のワンでございます。」

　加藤「信用堂の加藤ですが。」

　ワン「あ、加藤さん、いつもお世話になっております。」

　加藤「こちらこそお世話になっております。実は、先日納品していただいた紙袋なんですが。」

　ワン「何か問題でもありましたか。」

　加藤「紙袋に入れたマークの印刷が違っていたんです。全部、青色でお願いしたのに、黒になっていました。」

　ワン「えっ、本当ですか。」

　加藤「黒は、暗いので、少し明るいイメージにするため、青でお願いしたんですが。」

　ワン「大変申し訳ございません。色については、印刷所の方に伝えたはずなんですが。」

　加藤「とにかくこちらに来て、確認してください。」

　ワン「印刷所に連絡をしたのは、別の者ですので、その者に連絡をとりまして、そちらに伺わせますが、よろしいでしょうか。」

7. 会議・打ち合わせ

問題29. 次の会話を聞いて、問題冊子の質問に答えなさい。

47

　会議中、社員の佐藤さんが秋田課長に資料を見せながら話しています。

佐藤さん「では、次に資料2に移ります。まず左上の表1をごらんください。」

秋田課長「おや、こりゃまた細かい数字だな。眼鏡、眼鏡…老眼にとってはきびしいね。」

佐藤さん「申し訳ございませんでした。以後気をつけます。」

問題30. 次の会話を聞いて、問題冊子の質問に答えなさい。

48

　居酒屋チェーン本部の社内会議中、秋田課長が意見を言いました。それに続けて司会の鈴木さんが話します。なお、鈴木さんは、司会であるため、中立的な立場から幅広く出席者の意見を聞くことが求められています。

秋田課長「来月はいつも団体客が落ち込む月だから、女子会キャンペーンという企画をやるのはどうだろう？」

鈴木さん「なるほど、それはいいアイデアですね。他の皆さまはいかがですか。」

8. 面接

問題31. 次の会話を聞いて、問題冊子の質問に答えなさい。

49

　企業の採用試験で行われた面接官と受験者の会話です。

面接官「志望動機などはわかりました。ありがとうございます。ところで、当社のプロジェクトで最近ヒット商品『3Dスパイラルゲーム』を出して話題になったチームがあるのですが、その成功の理由はどんなところにあると思いますか。」

受験者「『3Dスパイラルゲーム』を開発したチームだったら知っています。ええっと、その成功の理由は…。ええっと……。」

問題32. 次の会話を聞いて、問題冊子の質問に答えなさい。

50

　企業の採用試験で行われた面接官と受験者の会話です。

面接官「では次に、チョウさんはこれまで日中間の業務提携に関わってこられたわけですが、今後のキャリアプランというか、将来についてどのように考えていらっしゃいますか。」

チョウ「そうですね。御社で採用していただけたら、御社の海外進出に貢献していきたいと思っております。そして、経験をある程度積んだら、やはり母国に帰ってその経験を生かした仕事をしていきたいと考えております。ずっと、日中の懸け橋でありたいと思っております。」

面接官「なるほど、それは高い理想をお持ちですね。」

以上で、Part 2 は終了です。お疲れさまでした。

3 正答・解説

実践日本語コミュニケーション検定
（Practical Japanese Communication Exam）
模擬問題
正答・解説

〈正答〉

〈Part 1. 基礎知識編〉

1	1	4	2	3	3	2				
2	4	4	5	4	6	3	7	4	8	4
	9	2	10	3	11	4	12	1	13	3
3	14	2	15	4	16	4	17	3	18	2

〈Part 2. 事例編〉

(1) 聴解				(2) 聴読解			
1	19	3	20	4	35	1	36	2
2	21	1	22	4	37	1	38	3
3	23	3	24	1	39	3	40	3
4	25	1	26	1	41	3	42	1
5	27	2	28	3	43	1	44	4
6	29	3	30	1	45	4	46	2
7	31	4	32	3	47	1	48	4
8	33	1	34	4	49	3	50	1

サーティファイ
コミュニケーション能力認定委員会
Certify Communication Proficiency Skills Qualification Committee

1．社会人としての心構え

問題1　　1

【正答】4

【解説】　日本でよくいわれる時間厳守の考え方について、理解しているかを問うている。

1：不適切。始業時刻が朝9時の場合には、9時から仕事をスタートできる状態であることが求められる。したがって、一般的には、始業の10分前には会社に着いていることが望ましい。

2：不適切。約束の30分前に着くのは早すぎである。あまり早くに到着されると、相手も、資料準備ができていない、応接室があいていない、などで迷惑する可能性がある。応接室に案内される時間などを考えると、約束の5分前に受付に到着し、約束時間ちょうどから面談が始められる状態がベストである。

3：最も適切とはいえない。案件によっては、夜の提出でもよいかもしれないが、朝一番に必要な場合もあるので、指示を出した人に、提出時刻まできちんと確認する必要がある。

4：最も適切。少しでも遅れそうな場合には、その旨を相手に連絡する必要がある。遅刻して相手を待たせるということは、相手に「待つ」という不要な時間をかけさせ、また「いつ来るのだろう？　何かあったのだろうか。」と心配をかけさせることを意味する。たとえそれが数分の遅れでも、きちんと謝り、また事前に連絡する必要がある。

問題2　　2

【正答】3

【解説】　日本企業で求められる勤労意識、就業マナーについて理解しているかを問うている。

1：不適切。自分に非がなくとも、始業時間に遅れたことにかわりはないので、謝る必要がある。

2：最も適切とはいえない。日本では、協力し合いながら共に働く姿勢が求められる。他の社員が全員残っているならば、周囲に配慮して、「すみませんが、お先に失礼します。」などの声かけをして帰るのが望ましい。また、もし残業することが可能であれば、「何かお手伝いできることはありますか？」などと聞いてみることも大切である。

3：最も適切。一般的なオフィスワークの職種では、就業中は、着信音が鳴らないよ
　　　うにマナーモードにして、鞄の中などに入れておくとよい。

　　4：不適切。昼休みは、自由時間といえども、節度ある行動が求められる。アルコー
　　　ルを飲むのは、午後の仕事に支障が出るため、不適切である。

問題3　　3

【正答】2

【解説】　組織におけるコミュニケーションの重要性についての基本的知識を問うてい
　　　る。

　　1：不適切。組織においても人間関係は業績に大きな影響を与える。情報共有のため
　　　のコミュニケーションと同様、人間関係の構築や維持のためのコミュニケーショ
　　　ンも大切である。

　　2：適切。情報伝達および情報共有が目的で行われるコミュニケーションを「ホウ・
　　　レン・ソウ」（「報告」「連絡」「相談」）と呼び、組織内コミュニケーションとし
　　　て特に重要である。

　　3：不適切。人はそれぞれ異なった価値観をもっており、だからこそ組織では様々な
　　　アイデアが生まれ、創造的な活動が可能になる。異なる価値観をもった人々を結
　　　びつけるのが、コミュニケーションである。

　　4：不適切。企業や部署によっては、少人数で家族のように親しい人間関係を築いて
　　　いるところもあるが、一般的には年上の社員や上司に対しては正しい敬語で話
　　　す。同期や後輩の社員に対しても、ていねいな話し方をするのがよい。

2．人間関係の作り方

問題4　　4

【正答】4

【解説】　人間関係を作るための効果的な方法を問うている。

　　1：適切。自分から先手で挨拶をしていくと、相手も心を開いてくれやすい。

　　2：適切。自分の名前をおぼえてくれている人に対しては、親しみの感情を抱きやす
　　　い。

　　3：適切。たとえ違う部署の人でも、挨拶を交わすことは必要である。さらに言えば、
　　　会社内ですれ違った人は、たとえ社外の人であろうと、無視せずに、会釈をした
　　　り挨拶をしたりすることが求められる。

　　4：不適切。日本では、日常的に握手をすることはほとんどない。体に触られること
　　　を嫌がる人も多いので、避けたほうがよい。

問題5 ⬚5⬚

【正答】4

【解説】　場面や人間関係による敬語の使い分けの基本を問うている。日本では「上」と「下」に加え、「外」と「内」の考え方でも敬語を使い分ける。一般的に、「上」と「外」の人物の言動には尊敬語を、また「上」と「外」の人物に対して「下」と「内」の人物の言動を話すときには謙譲語を用いる。

　1：適切。社内においては上司に関してはもちろん、その場にいない上司の言動に関しても敬意を表す。したがって、部長の言動について、「お出かけになるとおっしゃっていました」と尊敬語を用いているのは適切である。

　2：適切。取引先の相手と話す場合は、取引先が「外」、自分と上司は「内」となるため、自分の上司の言動に関しては謙譲語を使う。したがって、自分の上司については「伺う」と謙譲語を用い、取引先の島田部長については「いらっしゃいますか」と尊敬語を用いているのは適切である。

　3：適切。会議などフォーマルな場では同僚に対してもていねいな表現や敬語を使うことがある。したがって、同僚の佐藤さんに「いかが思われますか」と尊敬語を用いているのは適切である。

　4：不適切。上司の家族に対しても敬語を使う。「まいられたのですか」は謙譲語「まいる」に「られる」をつけた二重敬語であり、二つの観点から誤っている。尊敬語「いらっしゃったのですか」を用いるのが適切である。なお、部下には敬語は使わないが、日本では、初めて会った部下の家族には「外」の相手として敬語を使うのが一般的である。

問題6 ⬚6⬚

【正答】3

【解説】　話し手、その上司、上司の家族という関係性を把握したうえでの表現の使い分けを問うている。

　1：不適切。「ご苦労さまです」を目上の人の行為に対して使うのは通常は適切ではない。「お疲れさまです」が適切である。また、「なさいます」は尊敬語なので、自分がするべき行為である「渡す」には使えない。

　2：不適切。部長の家族に対して話しているので、部長を「山野」と呼び捨てにするのは家族に対する敬意に欠ける。

　3：適切。家族にも部長にも敬意を表している。

　4：不適切。「ご苦労さまです」は選択肢1の解説同様。また、「お渡し申し上げます」というのは、不適切ではないものの、最上級の敬意表現であり、この状況で用い

るのは不自然である。

問題7　　7

【正答】4

【解説】　効果的な伝達方法に関する基本的な知識を問うている。効果的に伝えるには「か（簡潔に）、い（印象深く）、わ（わかりやすく）」を心がけたい。

　1：不適切。相手に察してもらうような遠まわしな表現は、わかりにくく、誤解や混乱の原因となり得る。

　2：不適切。時間に沿って伝えることも場面によっては効果的であるが、この場合は結論（成果が上がらなかった）を先に述べると簡潔に伝わる。

　3：不適切。アイコンタクトやジェスチャーは相手に印象を与えるのに効果的である。この場合は、上司にきちんと向き合ってきぱきと報告することで、信頼感を与えることができる。アイコンタクトをあえて避けると、不誠実な印象を与えることがある。

　4：適切。事実と意見が混在すると、聞き手は間違った解釈をすることがある。何が事実で何が話し手の意見かを区別することで、よりわかりやすく伝えることができる。

問題8　　8

【正答】4

【解説】　こちらの都合により客の予約内容を変更する際の説明手順について問うている。

　1：不適切。まず、客の予約状況を確認したうえで変更事項を説明するのが自然な手順である。また、金額に変更がないことを伝える前に、受け入れてもらえるかどうか確認するのも不自然である。

　2：不適切。これも最初に変更を伝えているので誤りである。

　3：不適切。金額に変更がないことを伝えたうえで受け入れてもらえるか確認するのが正しい順番である。

　4：適切。

問題9　　9

【正答】2

【解説】　上司から指示を受けた際、自分にとって情報が不足していると感じた場合の確認の仕方について、理解しているかどうか問うている。

1：不適切。自分の理解内容が正しいかを確認せずに、一方的に相手にさらなる説明を求めると、理解しようとする意志が薄いと受け取られる可能性がある。また、「わかりやすく説明してください。」と言うのは、相手の説明がわかりにくいと言っているように聞こえ失礼である。

2：適切。理解した部分と、自分の業務にかかわるところで不明な部分を整理して質問すれば、上司も何を知りたがっているかを明確に把握することができ、必要な指示を出しやすい。

3：不適切。同じ内容をもう一度繰り返して説明してもらうのではなく、聞きたいポイントを絞って聞くほうが互いに効率よく、必要な情報が得られる。

4：不適切。仕事の現場で質問していては、業務に滞りが出たり、また事前に情報を把握していれば防げたミスをしてしまったりする危険性もある。疑問を感じたら、できるだけ早めに解消しておくことが大切である。

問題10　　10

【正答】3

【解説】　日本におけるあいづちの意義と役割について問うている。

1：適切。聞き手が「うんうん、それで？」「ほう」「ええ」「へえ」などのあいづちを打つことで、話し手は、聞き手が話の中の特に何に興味を持っているのか、またその話についてどう思っているのかなどがわかり、話しやすくなる。

2：適切。聞き手があいづちを打つことで、話し手は「きちんと聞いてもらえている。自分を尊重してくれている。」と安心して話しやすくなる。反対にまったくあいづちがないと、話し手は「話を聞いてもらえていないのではないか。」と不安になり、話しにくくなることが多い。

3：不適切。あいづちは必要なものであるが、あまりに回数が多いと、話し手はかえって話しにくくなる。タイミングを見て、話の区切れやポイントで打つのがよい。

4：適切。日本人は、内容を理解していることを示すために「ええ」「うんうん」などのあいづちを打つことがあるが、だからといって、自分もそれと同じ考え方をしているとは限らない。自分とはまったく異なる意見でも、まずは「ええ」と聞きながら受け止めて、そのあと、「おっしゃることには一理あります。でも、私は思うのですが〜。」などのように反対の意見を言うことはよくあることである。

問題11 ☐11

【正答】4

【解説】 あいづちの打ち方は、相手との関係性や状況によっても変わってくる。

①：積極的に肯定するあいづちが入るので、「本当に」が適切である。「はあ」は、あまり気乗りしない、また納得がいかない場合などのあいづちである。

②：肯定的な返事が入るが、上司に対する表現としては「うん」はくだけすぎであり、「はい」が適切である。

③：「あ、そう」はくだけすぎであり、上司に対する表現としては不適切である。「そうですか」が適切である。

④：「それじゃあ集まりますよね。」というのは、上司に対して失礼である。「人気アイドルですか？」とキーワードを繰り返して聞き、話を広げていくのが望ましい。

したがって、正答は4である。なお、選択肢4のあいづちの組み合わせ例だけが、この問題の会話における唯一の適切なあいづちの組み合わせなのではなく、他にもさまざまなあいづちのバリエーションが考えられる。

問題12 ☐12

【正答】1

【解説】 相手の気持ちに配慮した断り方を問うている。

1：適切。「行けません」と即答するのではなく、まず「水曜日ですか」と言いながら困ったような様子を見せて相手に察してもらい、相手に心の準備をさせている。次に、行けないことを謝り、その理由を述べたあとに、「また誘ってください」と前向きにまとめている。

2：最も適切とはいえない。「だめなんです」「無理です」という強いことばを、重ねて言う必要はない。

3：不適切。「悪いですが、無理です。忙しいんです。」という表現は、ていねいさに欠ける。また、「他の人に聞いてみるのはどうですか。」までは言う必要がない。

4：不適切。断る必要があるのに、返答を先延ばしにするのは、相手にとって親切なことではない。

問題13 ☐13

【正答】3

【解説】 日本での対人コミュニケーションにおける留意点について理解しているかを問うている。

1：適切。日本では、自分に近い存在の人物（＝親）について、遠い存在の人物（＝

会社の上司）に話す場合には、遠い存在の人物への敬意を表すために、へりくだって謙譲表現を用いる。

2：適切。日本ではボディ・コンタクトはほとんどないと考えてよい。握手をすることも稀である。異性であろうと同性であろうと、不要に体に触ることは嫌悪されることが多いので気をつけたい。

3：不適切。日本では一般的に、自分が失敗をした場合には、言い訳や弁明はせずに、潔く謝ることをよしとすることが多い。謝ったうえで、説明する必要があることについては、きちんと説明するとよい。ただし、相手が怒っている場合、また相手がこちらの言おうとしている状況について既によくわかっている場合などには、言い訳ととられる恐れのある説明はしないほうがよいこともある。

4：適切。一般的に、これを言うことで相手は気分を害するのではと思われる事柄については、直接的に表現せずに、遠回しに言ったり、ことばの途中でやめたりして、相手に察してもらうようにすることが多い。たとえば、「お味噌汁のお代わりをいかがですか？」と聞かれた場合、「味がどうしても好きになれないので、いりません。」と言うのではなく、「いえ、もうおなかがいっぱいなので・・・。」などのように表現すると、相手に対して失礼にならない。

3．効率的な仕事の進め方

問題14　　14

【正答】2

【解説】　複数の仕事を同時に進行する場合、基本的に緊急性（期限の近いもの・突発的に発生した事案）の高いもの、また、重要性（人・物・金・情報・時間などの観点から、優先すべき事案）の大きいものはどれかを判断し、優先順位をつけて取り組む。

1：適切。例外的に、突発事項（クレーム応対など）が優先されることもあるが、期限がある場合は、納期を守ることが重要なので、基本的に期限の近いものから仕上げる。

2：不適切。誰からの依頼であるか、というのは、「人」という重要性の尺度の一つではあるが、「必ず」それが優先する、ということではない。

3：適切。仕事の期限が重なった場合は、まず重要性を考える。たとえば、「依頼した人」という尺度で重要性を考えるときは、「社内の人」よりも「顧客」の用件のほうが、重要度が高いことが一般的である。また、「時間」という尺度で重要性を考えるときは、期限をやや過ぎても業務に滞りがでない仕事や、多少の延期が許される仕事については、重要度は低いと考えられる。また、仕事の優先順位

を考える際には、作業にかかる時間も考えるとよい。たとえ重要度が低い仕事でも、すぐに終わる仕事であれば、先に終えてしまったほうが、効率よく全体の業務が進むこともある。

4：適切。優先順位の判断がつかない場合、自己判断は避け、上位者や依頼者に判断をゆだねるべきである。

問題15　　15

【正答】4

【解説】　来客応対の心構えやポイントについて問うている。

1：適切。客からすると、受付の人が会社の顔であるので、それを認識して、責任をもって礼儀正しく対応する。

2：適切。「社長の○○」というように、役職を先に言ったあと、名前を言うとよい。社内の人について社外の人に話すときには、謙譲表現を用いる。

3：適切。客に対して後ろ姿はあまり見せないほうがよいと考えられているため、できるだけ振り向きながら歩く。

4：不適切。来客に応接室の上座を示し、担当者が来るまで座って待つように伝える。

問題16　　16

【正答】4

【解説】　電話の取り次ぎ方について問うている。

1：不適切。名指し人にすぐに代われる場合でも保留にする。取り次ぎの際の社内の声が相手に聞こえる恐れがあるため。

2：不適切。名指し人が不在の理由を詳しく説明する必要はない。たとえば、A社に打ち合わせに出かけているなどの情報が、A社の競合であるB社に漏れた場合、会社の立場が悪くなる恐れもある。むやみに社内の情報を漏らすべきではない。また、相手にあらためてかけ直すように依頼するのは、相手に手間をかけさせることになり、失礼である。「外出しており、○時に戻る予定ですが、いかがされますか。」などのように、必要事項だけ知らせ、また相手の要望を聞く対応が適切である。

3：不適切。よくかかってくる相手の場合でも、会社名だけでなく名前も伝える。

4：適切。電話であまり長く相手を待たせるのは失礼にあたるため、長くかかりそうな場合は、このように許可をとるか、もしくは一旦電話を切ってこちらからかけ直すようにする。

問題17　17

【正答】3

【解説】　名刺交換の仕方、ポイントについて問うている。

　1：不適切。読み方について確認するのはよいが、その場で名刺に書き込む点が不適切である。名刺はその人の顔であるので、その人の面前で汚したり折り曲げたりしてはいけない。帰ったあとに、会った日付やその人の特徴など、必要事項を書き込んで保管するのはよい。

　2：不適切。すぐに名刺入れにしまう必要はない。名刺交換をしたあとは、テーブルの上に置いて、名前や肩書を間違えないようにするとよい。

　3：適切。名刺はていねいに扱うのが基本ルールのため、両手でていねいに受け取る。

　4：不適切。名刺交換は大切なやりとりであるため、立ち上がって行う。

問題18　18

【正答】2

【解説】　情報伝達には、対面・電話・Eメール・文書など、様々な手段がある。目的や緊急度を判断しながら、適切な手段を選択し、伝えることが重要である。

　1：不適切。上司が目の前に座っているのであれば、終了の報告は、声をかけ、顔を見てするべきである。細かい内容や資料の報告については、どのような形（データか紙か、など）で行うべきか指示を仰ぐとよい。

　2：適切。日時や場所・議題など、言葉だけで聞いて記憶しにくいものを伝える場合、しかも複数のメンバーに同じ内容を周知させたい場合には、メールが適切である。

　3：不適切。相手がパソコンを見る環境にあるかどうか不明であり、伝わらない可能性がある。緊急の連絡手段としては不適切である。

　4：不適切。お詫びやお礼など、ただ情報を伝達するだけでなく、気持ちを伝えたり調整したりすることが必要な場合は、メールは不適切である。上司の元へ行き、お詫びをしたうえで事情を説明し、次の指示を仰ぐ。

Part 2. 事例編 (じれいへん)

（1）聴解

1．来客応対

問題1　19

【正答】3

【解説】　受付で初めての来客が会社名と所属、名前を名乗った際の適切な対応方法を問うている。

1：不適切。全体的にていねいさに欠ける。まず、客は「さん」づけではなく「さま」で呼ぶ。「こんにちは」という挨拶は、ビジネスシーンではあまり用いない。自社の社員は「佐藤さん」ではなく、「佐藤」と呼び捨てにする。また、相手の行為については、「約束されていますか」と尊敬表現にする。

2：不適切。約束の有無を確認する前に、「お待ちしておりました」「佐藤はおります」などと言ってはいけない。

3：最も適切。相手の会社名と名前を復唱したあと、挨拶し、約束の有無をていねいに確認しており、適切である。

4：不適切。表現にていねいさが足りない。

問題2　20

【正答】4

【解説】　来客に約束の有無をたずね、約束があった場合の適切な応答を問うている。

1：不適切。「念のため、佐藤に連絡して確認をとりますので」というのは、相手の発言を信用していない印象を与える。また、ことば遣いにていねいさが欠ける。

2：不適切。ことば遣いにていねいさが欠ける。

3：不適切。「そうですか」はていねいさに欠ける。「さようでございますか」が適切。また、「連絡させていただきます」は、来客に対する謙譲の気持ちから言っているのか、社内の佐藤さんに対する謙譲の気持ちから言っているのかあいまいである。社内の佐藤さんに対する謙譲表現の場合は、佐藤さんを敬うことになってしまうため不適切である。シンプルに「連絡いたします」と言うのが適切である。

4：最も適切。約束があるにもかかわらず、社内の連携ミスから、受付で約束の有無を把握できていなかったので、そのことに対してまず「失礼いたしました」と謝罪し、それから必要事項をていねいに述べている。

2．電話応対

問題3 21

【正答】1

【解説】 電話がかかってきて、名指し人が不在の場合の対応を問うている。

1：最も適切。お世話になっている挨拶をし、不在であることを伝えており適切である。

2：不適切。自分の会社の社員を「さん」付けで呼んでおり不適切である。

3：不適切。聞かれていないのに、会社内の事情を説明しており不適切である。

4：不適切。運が悪いという表現や、また電話をするよう指示していることが不適切である。

問題4 22

【正答】4

【解説】 会議の終了予定時刻を聞かれた場合の対応を問うている。

1：最も適切とはいえない。「確か～だったと思います。」というあいまいな言い方ではなく、正確に情報を伝える。

2：不適切。会議の終了時刻をきちんと答えていない。また、相手にまた電話をかけるように言うのも失礼である。表現もていねいさに欠ける。

3：不適切。「戻りませんよ」というマイナス表現は避ける。また、表現もていねいさに欠ける。

4：最も適切。終了時刻を正確に伝えている。また、今後の対応を考えるために、「お急ぎでしょうか」とていねいな表現で聞いている。

3．報告・連絡・相談

問題5 23

【正答】3

【解説】 指示があいまいで業務に差し支えが出る場合は、きちんと内容を確認する。

1：不適切。いきなり責めるような言い方をしてはいけない。

2：最も適切とはいえない。ことば遣いとしては適切だが、不明事項を確認していない。

3：最も適切。不明事項をていねいに確認している。

4：最も適切とはいえない。自分の思い込みで確認している。

問題 6　　24

【正答】1

【解説】　指示を受けた際には、具体的な納期を必ず確認する。

1：最も適切。課長は「今日の午後必要」としか言っていないので、具体的に何時までに準備するか確認する必要がある。

2：不適切。納期を確認していない。また、ほとんどできているのであれば、短時間で終わるこの資料作成から先に行うべきである。早く提出すれば、そのぶん課長もゆっくり資料を確認することができ、修正が必要な場合にも、対応することができる。優先順位や自分の作業手順を考えてから、取りかかるとよい。また、周囲との連携が必要な場合には、その時間も考えて動く。

3：最も適切とはいえない。ことば遣いとしては適切だが、納期を確認していない。

4：不適切。納期を確認していない。また、「どうぞ安心してください」ということばも不要である。

4．他社訪問

問題 7　　25

【正答】1

【解説】　アポイントメントのある訪問先の受付での適切な対応を問うている。

1：最も適切。自分の会社名、所属と名前を名乗り、挨拶し、約束のある相手と時間について敬語で伝えており適切である。

2：不適切。自分の会社名、所属と名前を名乗り、約束の時間を伝えているが、後半部分がていねいさに欠ける。

3：不適切。自分の会社名、所属と名前を名乗り、相手の名前を伝えているが、約束の時間を伝えていない。また、表現にていねいさが欠ける。

4：不適切。自分について名乗らず、いきなり用件を伝えている。また、表現にていねいさが欠ける。

問題 8　　26

【正答】1

【解説】　アポイントメントのある訪問先の受付での適切な対応を問うている。

1：最も適切。案内してくれることに対するお礼のことばと挨拶をていねいに述べている。

2：不適切。ていねいさに欠ける。

3：不適切。「お待ちしておりました」という挨拶のことばに対して、自分の感情で

答えている。

　　4：不適切。自分で勝手に応接室に行く行為は失礼にあたる。

５．接遇・接客

問題9　　27

【正答】2

【解説】　日本では、店舗での接客の際、店員はただ料金を受け取るだけでなく、感じよく接し、相談に乗りながら商品を紹介する。ただし、あまりしつこくすると嫌われ、逆にまったく声をかけないと失礼であるので、その「加減」に注意する必要がある。

　　1：不適切。入ってきてすぐに客にはりつくと、売り込まれるのではないかと警戒され、逆効果である。

　　2：最も適切。感じよい挨拶で迎え、最初はある程度自由に見てもらうのがよい。

　　3：不適切。来店時の挨拶としては不適切である。第一印象に大きなマイナスである。

　　4：不適切。来店早々安いサービス品を勧めるのは、客を見下しているようで失礼である。

問題10　　28

【正答】3

【解説】　客から何がいいか相談された場合、客は一般論や人気商品が何かを参考にして商品を選びたいと思っていることが多いので、きちんと紹介するのが親切である。店の売れ筋商品や、年代に合ったものを勧められるよう、日頃から商品知識を身につける努力が必要である。

　　1：不適切。迷っている人には、一般論や人気のあるものを紹介し、選択肢を絞ってあげると選びやすい。

　　2：不適切。勧めるのはよいが、「歯の悪い人」「老人」という言い方は、接客者としては失礼である。また、「年寄り＝歯が悪い」と決めつけているようにも聞こえる。

　　3：最も適切。

　　4：不適切。具体性がなく、客からすると、相談した意味がない返答内容である。

6．クレーム対応

問題11 | 29 |

【正答】 3

【解説】 客が来店した場合のクレーム対応の第一のポイントは、「商品に関してご迷惑をおかけしたうえに、来店していただいて申し訳ない」という恐縮した態度で、問題点を探ることである。また、客の言い分を、誠意をもって聴き、それを態度と表情で客に伝えることである。

1：不適切。謝罪もなく、軽い受け答えで誠意が見られない。

2：不適切。クレーム対応としては受け答えが軽すぎる。「失礼いたしました」ではなく、「申し訳ございません」ときちんと謝る必要がある。また、「私は昨日いなかったのでよくわからないのですが。」は責任逃れの発言であり、かえって客を怒らせる可能性がある。直接接客したのが自分でなくとも、店の一員として責任をもって対応する。

3：最も適切。客に対する謝罪があり、サイズの確認の仕方もていねいである。

4：不適切。謝罪がない。「私どものほうでサイズを取り違えたのかもしれません。」は不要である。また、「何サイズですか」という表現はていねいさに欠ける。「サイズを教えていただけますか」などが適切である。

問題12 | 30 |

【正答】 1

【解説】 客に配慮しながら必要な対応をとれるかを問うている。

1：最も適切。間違いがないようにサイズを復唱して確認しており、表現もていねいである。

2：不適切。表現にていねいさが足りない。同じ意味内容でも、「承知しました。見てまいりますので、少々お待ちいただけますか。」であれば適切である。

3：不適切。「あるかわかりませんが」は不要である。

4：不適切。「Lではなさそうですね」は不要である。客によっては、サイズについて何か言われるのを好まない客もいるので、注意が必要である。

7．会議・打ち合わせ

問題13 | 31 |

【正答】 4

【解説】 会議において、相手の意見に反論する際の切り出し方を問うている。

1：不適切。会議は発言の場であるので、はっきりと意見を言うべきである。

2：最も適切とはいえない。発言の冒頭から直接反対だということばを使うのは、マナーとして好ましくない。

3：最も適切とはいえない。「そうでしょうか」がやや感情的に聞こえるし、直接「賛成できない」という表現を使っているので、反論の言い方としてはふさわしくない。

4：最も適切。まず相手の意見を受け入れたうえで、それに対する反対意見を言うのが望ましい。

問題14 　32

【正答】3

【解説】　意見が決まっていない状態で意見を求められたときの対処の仕方を問うている。

1：不適切。「特にありません」と言うと、その話題に対しての積極性が感じられない。

2：不適切。「わかりません」ということばで結論を出すのは、無責任に聞こえる。

3：最も適切。意見が決まっていないことを、「決めかねています」という前向きな表現で率直に述べている。また、「お時間をいただけますか」と前向きかつ周囲に配慮しながらまとめている。

4：不適切。前半はよいが、最後に答えられないと結論づけると、それ以上の発展性が感じられず、自らの能力が不十分であると聞こえる可能性もある。

8．面接

問題15 　33

【正答】1

【解説】　就職面接における適切な返答内容、表現について問うている。

1：最も適切。「いたしました」など、ていねいな謙譲表現を用いている。内容としても、数字を挙げながらわかりやすく述べている。

2：不適切。表現にていねいさが足りない。また、「遊ぶことばかりを考えている人もいて」のようにマイナスかつ後ろ向きな内容は面接では望ましくない。

3：不適切。友人に話しているような口調で、表現にていねいさが足りない。また、内容としては、もう少し具体的に、また前向きにまとめる必要がある。

4：不適切。「もうあんな思いはしたくないです。」というようなマイナスな発言は望ましくない。

問題16 　34

【正答】4

【解説】　就職面接における適切な返答内容、表現について問うている。

1：不適切。「弊社」というのは、自分の会社のことをへりくだって言うときの表現であり、ここで用いるのは誤っている。敬意表現である「御社」が正しい。

2：不適切。どのような仕事をするかわからなくとも、推測しながら答えることはできる。質問されたことに対してきちんと答えるという誠意を見せることが必要である。

3：最も適切とはいえない。「仕事をするうえでどのように生かせるか」と聞いているので、具体的に仕事とからめながら答えるのがよい。

4：最も適切。仕事とからめながら、積極的に答えている。

（2）聴読解

1．来客応対

問題17 　35

【正答】1

【解説】　名指し人が不在のときに、適切な応答ができるかどうかを問うている。

1：最も適切。来客は応接室に通し、会議中の佐藤さんに、メモで来客がある旨を伝える。通りがかっただけとはいえ、責任をもって対応する。

2：不適切。こちらの都合で先方に出直してもらうということはしてはいけない。また、会議がいつ終わるのか相手にはわからない。

3：不適切。こちらの事情で遅れているのに、部署の受付前で待ってもらうのは不適切である。適切な場所に案内して待ってもらう。

4：不適切。すぐに呼べるかどうか確認せずに言うのは不適切である。

問題18 　36

【正答】2

【解説】　親戚という情報だけでは誰かがわからないので、相手の名前を確認し、山田さん本人に連絡して対応する。

1：不適切。相手の名前を確認せずに、すぐに呼んでしまうのは不適切である。

2：最も適切。山田さんは自社の人間ではあるが、客は山田さんの親戚なので、敬意を表して「山田さん」と呼ぶ。

3：不適切。用件も聞かずに断ってはいけない。

4：不適切。客は山田さんを呼んでほしいと言っているのに、何も説明せずに自分が

用件を聞くと言うのは不適切である。

2．電話応対

問題19　| 37 |

【正答】1

【解説】　名指し人が不在の時に伝言を適切に預かることができるかどうかを問うている。

1：不適切。変更について対応できるかどうかは山田さん本人でなければわからないことである。不確実な返答をしてはかえって迷惑をかけることになる。

2：適切。伝言を受けた場合は、必ず返信が必要かどうかを確認する。

3：適切。責任をもって伝えるためだけでなく、相手が改めて確認したい場合のためにも、名前を伝えておくべきである。

4：適切。同じ名字の取引先がいる場合もあり、内容を特定する意味でも、最低限確認することが必要である。

問題20　| 38 |

【正答】3

【解説】　名前を名乗らない相手に対する対応を問うている。

1：不適切。このように強気の姿勢で聞くのは、相手を怒らすことになる。

2：不適切。このような状況では、いつの友達かを根掘り葉掘り聞いても、はぐらかされる可能性が高い。

3：最も適切。すぐにつながないことをお詫びして、名前を聞かないと取り次げないため名乗ってもらうよう頼んでおり、適切である。

4：不適切。こちらから電話を切ってはいけない。かけてきた相手が切るのを待ってから電話を切る。また、「おつなぎできません」という否定的かつ断定的な表現で終わるのも不適切である。

3．報告・連絡・相談

問題21　| 39 |

【正答】3

【解説】　日本のビジネスシーンでは、チームで業務を進めていくことがよくある。チームで効果的に仕事を進め、課題を達成していくためには、コミュニケーションをうまくとりチームを機能させる必要がある。

1：不適切。日本では「察する」というコミュニケーション行動をよくとるが、この

場合は上司に状況をきちんと伝えるべきである。返事をしないと、上司との人間関係にも悪い影響が出る。

2：不適切。「ご覧のとおり忙しい」とか、「他の人に頼んでください」という言い方は挑発的なうえ感情的ともとれる表現で、上司に対して失礼である。

3：最も適切。もし資料提出後に手伝えるようであれば、その旨を伝えて上司の指示を仰ぐとよい。

4：不適切。別の仕事で忙しいときは、状況をまず正確に伝えることが大切である。

問題22　　40

【正答】3

【解説】　他部署のメンバーとの間で起こった問題について、適切に連絡・相談が行えるかどうかを問うている。

1：不適切。規則に従うことは重要であるが、部署が異なれば重要なことの優先順位が異なることも理解したうえで連絡・相談をする必要がある。

2：最も適切とはいえない。営業の立場から考えれば適切といえるが、経理の立場からいえば適切とはいえず、相手の立場への理解を示す相談をすることが必要である。

3：最も適切。各部署の立場や優先する事項を理解し合いながら、最も適切な方法を相談することが組織コミュニケーションでは重要である。

4：不適切。業務に関する規則を徹底することも重要であるが、それらの業務を行う目的を忘れて規則だけを徹底しても会社の目的からずれてしまうことがある。

4．他社訪問

問題23　　41

【正答】3

【解説】　アポイントメントを取る際の適切な対応を問うている。

1：不適切。会社の内部事情や個人的な感情を伝えることは不適切である。

2：不適切。相手は忙しいかもしれないので、電話では世間話などは控え、用件を簡潔に伝える。

3：最も適切。用件を簡潔に伝えてアポイントメントを取ってもらうよう依頼している。また、日時についても、「来週お時間を頂戴できますでしょうか。」と、「来週」という目安を提示しながら相手の都合を優先させており、適切である。会話文のように、自分から日時を指定してはいけない。

4：最も適切とはいえない。ていねいではあるが、挨拶や前置きが長すぎる。

問題24 　42

【正答】1

【解説】　アポイントメントのある取引先を訪問する際の適切な対応を問うている。

　　1：最も適切。約束の時間を守ること。通常は、約束の時間の5分前を目安に到着するようにする。また、お土産は直接担当者に渡すべきである。

　　2：不適切。約束の時間より早く行くことは不適切である。また、手土産は担当者に渡す。

　　3：不適切。約束の時間を守らず、受付で待たせてもらうと言うことは不適切である。また、手土産は担当者に渡す。

　　4：不適切。約束の時間を守らず、さらに自分で担当者のところへ行くのは不適切である。

5．接遇・接客

問題25 　43

【正答】1

【解説】　客の要望に応えられない場合の対応について問うている。会話文では、「キャンペーンは今月末までなので、だめです。」とタムさんが即答したため、客は気分を害してしまった。来月はチラシが使えないことを謝ったうえで、「来店してくださるのであれば、他に何かできることはないか店長に確認してみる」という対応が望ましい。

　　1：最も適切。自分のできる範囲内で、最大限の誠意を尽くしている。

　　2：不適切。勝手に自己判断で物事を進めてはいけない。

　　3：不適切。選択肢2同様、自己判断で進めてはいけない。

　　4：不適切。キャンペーンは今月中ということを知りながら、客は話している。ここで再度強調することは、相手を怒らせる可能性が高い。

問題26 　44

【正答】4

【解説】　雑談には人間関係をスムーズにする働きがある。ビジネスシーンでも、本題に入る前に天候などの当たり障りのない話題について話すことは、人間関係を築くうえで、大切な役割を果たしている。

　　1：不適切。先方から気候の話を始めているのだから、それに応えないというのは失礼である。

　　2：不適切。雑談は、あくまで本題に入る前の準備段階なので、それについて長く話

をする必要はない。

3：不適切。本題に入る前の雑談は必要である。

4：最も適切。ビジネスシーンにおいても、適当な雑談は、ビジネスをうまく進める
ために必要である。

6．クレーム対応

問題27 45

【正答】4

【解説】　自分に非がないと思われることでクレームを受けた場合は、感情的にならず、
状況を把握したうえで、客にはていねいに対応しながら上司に相談するのが望ま
しい。

1：不適切。自分に非がないとわかっているのに、むやみに謝るのはよくない。

2：不適切。先走りせずに、まずしっかりと客の言うことを聞いて、事実確認をする
ことが大切である。

3：不適切。クレームに対しては相手の情に訴えるのではなく、冷静にかつていねい
に対応したい。

4：最も適切。最も冷静でかつ失礼のない対応である。まず客の発言を理解したこと
を示すために内容を復唱し、さらに「確認してまいりますので少々お待ちくださ
い。」と言って、上司に相談しに行く。

問題28 46

【正答】2

【解説】　クレームの対応として、可能な限り相手の要望に沿うようにすることが基本で
ある。また、担当者が責任をもって対応することで、誠意を見せることが大切で
ある。

1：不適切。印刷所に連絡したのが別の人でも、責任を転嫁するような言い方をする
べきではない。取引先が希望しているように、担当者であるワンさんが行くべき
であり、クレーム対応として問題がある。

2：最も適切。選択肢1の解説と同様。

3：最も適切とはいえない。印刷所で確認するよりも、要望を出している客を待たせ
ないように、客先へ出向き確認することが先決である。

4：不適切。この段階では、印刷所の責任者に連絡を取るのは早すぎる。ワンさんが
確認してから、必要があれば一緒に先方に出向けばよい。また、先方を待たせて
はいけない。

7．会議・打ち合わせ

問題29 47

【正答】1

【解説】 会議資料に関する問題である。「きびしい」などの、ことばの使い方についての広い知識も問うている。

1：適切。

2：不適切。課長が困っているのは字が小さいことである。

3：不適切。選択肢2と同様である。

4：不適切。課長が不満を感じているのは、表の説明ではなく、表の字が小さいということである。

問題30 48

【正答】4

【解説】 司会者が参加者の意見に対処しながら、どう会議を進行させていくかについての知識を問うている。

1：不適切。他の人の意見も幅広く求める。

2：不適切。司会者がその場で実行の判断を直接下すことはしない。

3：不適切。参加者の意見をできるだけ平等に引き出すのが司会者の役目の一つである。

4：最も適切。なお、「団体客が落ち込む月だから、女子会キャンペーンの企画をということですね。他の皆さまはいかがですか。」などのように、課長の発言内容を復唱確認して、他の人の意見を聞くのもよい。

8．面接

問題31 49

【正答】3

【解説】 面接で知らないことについて聞かれた際の返答の仕方について問うている。面接では、あえて受験者が知らないだろうことを質問してその反応を見るということもよくあることである。日本では誠実な対応が評価されるので、嘘はつかずに知らないことを率直に認めたうえで、今後努力することを伝えるのが好ましい。

1：最も適切とはいえない。忘れてしまったということを率直に述べるだけでは、面接での回答としては不足している。勉強不足を詫びること、また今後努力することを伝えることなども必要である。

2：不適切。現在聞かれているのは、『3Dスパイラルゲーム』の成功の理由なので、

他の商品について知っているということは返答にはならない。なお、状況にもよるが、無知を詫びたうえで、他の商品の成功の理由ならば話せるがそれを話してもよいかと確認してから話すのであれば、一般的には問題ない。

3：最も適切。勉強不足を詫びたうえで、今後の努力を述べている。

4：不適切。質問内容にそぐわない返答をするのは、面接官の話を聞いていない、質問意図を理解していない、コミュニケーションが円滑にとれないなどの観点から、かえってマイナス評価となる。

問題32　　50

【正答】1

【解説】　面接官の質問の意図を理解しているかを問うている。

1：最も可能性が低い。この質問内容で業務提携や海外進出に必要な交渉力を確認することはできない。

2：可能性はある。キャリアプランや将来についての考え方から、働く意義についてどのような考え方をもっているか探ろうとする可能性はある。

3：可能性は高い。多くの日本企業の場合、長く勤務してくれる人材を求めている。外国人は帰国や転職する場合も多いため、それを確認する方法としてこのような質問をすることが多い。

4：可能性はある。総合職に向いているか専門職に向いているかを見極めるための情報の一つとして、聞く可能性はある。

■監　修／牧野　成一

プリンストン大学東洋学科日本語及び言語学名誉教授。早稲田大学で英文学を、東京大学で言語学を学び、それぞれの学士号と修士号を取得。1964 年にフルブライト給費留学生としてインディアナ大学に留学、1968 年にイリノイ大学より言語学の博士号を取得。

（主著）

『日本語教育と日本研究の連携』C. Thomson 氏と共編、ココ出版、2010.

A Dictionary of Advanced Japanese Grammar, 筒井通雄氏と共著、Japan Times, 2008.

Aspects of Linguistics—in Honor of Professor Noriko Akatsuka, S. Kuno, S. Strauss と共著、Kurosio Shuppan, 2007.

『ウチとソトの言語文化学』アルク、1996.

A Dictionary of Intermediate Japanese Grammar, 筒井通雄氏と共著、Japan Times, 1995.

A Dictionary of Basic Japanese Grammar, 筒井通雄氏と共著、Japan Times, l986.

『くりかえしの文法』大修館、1980.

『ことばと空間』東海大学出版、1978.

Some Aspects of Japanese Nominalizations,Tokai University Press, 1968. など。他、論文多数。

実践日本語コミュニケーション検定ガイドブック　　　　　　　価格 1,650円（本体 1,500円＋税10%）

発 行 日／2016 年 11 月 25 日　第 1 版 第 1 刷
　　　　　2023 年 6 月 26 日　第 2 版 第 1 刷

編　　著／サーティファイ　コミュニケーション能力認定委員会

監　　修／牧野　成一

発 行 所／㈱ウイネット
　　　　　新潟市中央区弁天 3-2-20 弁天 501 ビル
　　　　　〒950-0901　TEL025-246-9172

発 売 所／㈱星雲社（共同出版社・流通責任出版社）
　　　　　東京都文京区水道 1-3-30
　　　　　〒112-0005　TEL03-3868-3275

印刷・製本／株式会社平河工業社

© CERTIFY Inc.2023　　　　　　　　　　　　　　　　Printed in Japan

ISBN978-4-434-32086-6　C3081